经济管理学术文库 • 经济类

技术进步推动的经济增长与大学毕业生就业

Technology Induced Economic Growth and Employment of College Graduate

秦 永／著

经济管理出版社
ECONOMY & MANAGEMENT PUBLISHING HOUSE

图书在版编目（CIP）数据

技术进步推动的经济增长与大学毕业生就业/秦永著．—北京：经济管理出版社，2018．11
ISBN 978－7－5096－6136－9

Ⅰ．①技…　Ⅱ．①秦…　Ⅲ．①中国经济—经济增长—影响—大学生—就业—研究
Ⅳ．①G647．38

中国版本图书馆 CIP 数据核字(2018)第 258071 号

组稿编辑：张巧梅
责任编辑：张巧梅　杨　帆
责任印制：黄章平
责任校对：王淑卿

出版发行：经济管理出版社
（北京市海淀区北蜂窝 8 号中雅大厦 A 座 11 层　100038）
网　　址：www．E－mp．com．cn
电　　话：（010）51915602
印　　刷：北京玺诚印务有限公司
经　　销：新华书店
开　　本：720mm×1000mm/16
印　　张：11．75
字　　数：210 千字
版　　次：2018 年 12 月第 1 版　　2018 年 12 月第 1 次印刷
书　　号：ISBN 978－7－5096－6136－9
定　　价：68．00 元

前　言

大学毕业生就业难题已经困扰中国多时，相关的研究亦多有建树。然而，从需求角度研究大学毕业生就业问题的文献依然较少。针对发展中国家技术进步的特殊规律、利用内生增长理论框架研究此问题的文献更是凤毛麟角。社会关系对大学毕业生个人就业的影响一直是媒体关注的热点，相关研究亦不多见，我们将利用独立调查的数据通过计量模型研究两者的关系。

我们从宏观和微观两个层面进行研究。宏观层面，我们聚焦于大学毕业生的需求，希望利用数理模型清晰、准确地阐明发展中国家技术进步与大学毕业生就业的关系；微观层面，我们尝试研究社会资本（即社会关系）对应届大学毕业生就业的影响。

宏观层面，我们构建四个数理模型来证明各种形式的技术进步与大学毕业生就业的关系。

第一个模型是劳动推动的中间产品质量升级模型。研究结果表明，中间产品的质量升级推动大学毕业生就业人数扩大。当技术进步呈现为中间产品质量升级的形式，而新的中间产品由受过大学教育的劳动者研发时，中间产品质量的升级提升了最终产品的生产效率，使中间产品的需求增加，中间产品的研发变得更加有利可图，因此将会刺激企业设置更多的研发岗位，大学毕业生的需求将会因此扩大，技术进步将有利于大学毕业生的就业。大学毕业生就业的改善将有利于生产效率更高的中间产品的研发，又可以进一步改善大学毕业生的就业。如此周而复始，大学毕业生的就业将会随着技术进步而不断改善。由于发展中国家从发达国家引进技术服从先快后慢的自然规律，发展中国家对大学毕业生的需求也必然服从增量逐渐放缓的规律，因此在技术进步过程中，虽然大学毕业生的就业状况有所改善，但是技术进步速度的放缓也必然导致大学毕业生就业人数增量的减少。

第二个模型研究资本推动下的中间产品质量升级与大学毕业生就业。在由资本推动的中间产品质量升级的情况下，大学毕业生的需求由中间产品质量升级的速度决定。中间产品质量升级越快，大学毕业生的需求增加得也越快，大学毕业生工资上升更快，大学毕业生的就业人数增加得越快。在发展中国家技术引进越来越困难的情况下，发展中国家技术进步的速度从最初的最高速度逐渐下降，最终其技术进步的速度将与发达国家持平。因此，在发展中国家技术引进的初期，大学毕业生的需求迅速增加，就业人数高速增长，但是随着发展中国家技术进步速度的下降，大学毕业生就业人数的增量将不断下降。

第三个模型探讨由劳动推动中间产品种类增加的技术进步与大学毕业生就业的关系。我们发现，中间产品种类的增加有利于大学毕业生的就业。人类所创造的中间产品种类就像一个圆球，种类越多，圆球的直径越大，而圆球的表面积则象征着研发的前沿。中间产品种类越多，研发前沿越广，可研发的新品种就越丰富。新中间产品的种类越多，进行研发的企业越多，对大学毕业生的需求越旺盛，大学毕业生就业人数就会越多。但是随着发展中国家从发达国家引进技术研发新中间产品的难度越来越大，中间产品种类增加的速度越来越慢，新增的大学毕业生就业人数将逐渐下滑。

第四个模型探讨了资本推动下中间产品种类增加与大学毕业生就业的关系。中间产品种类的增加，千万倍地扩大了最终产品的生产效率，由于企业是在边际产出等于工资的条件下雇用工人的，企业雇用的工人数量越多，雇用的大学毕业生人数也会随之按比例增加。虽然最终产品生产效率的提高造成一定数量劳动者的失业，但是失业人口中大部分都是教育背景相对较差的劳动者，大学毕业生总的就业人数仍会增加。发展中国家由于可以直接模仿发达国家的技术，因此技术进步速度更快，大学毕业生就业人数的增加更多，但是随着发展中国家从发达国家引进技术速度的降低，新增的就业人数将逐渐下降。

总之，数理模型大都发现技术进步可以促进大学毕业生的就业。发展中国家由于最初可以利用发达国家的技术，因此在其引进技术初期技术进步较快，大学毕业生就业人数的增加较多，但是随着其引进技术难度的加大，大学毕业生就业人数的增量缩小。此外，我们还利用数值模拟和计量模型验证了我们的模型。

从微观层面来看，我们剖析了社会资本与应届大学毕业生的关系，并利用我们两次独立调查的数据证明了社会资本的确影响应届大学毕业生就业、工资和就业单位性质。

社会资本同时通过搜集信息、推荐工资、传授非书本知识等方式影响应届大学毕业生的工资。我们利用 2011 年南京市 6 所高校的微观数据证实，父母职务越高的应届大学毕业生工资较高；城镇背景的应届大学毕业生工资较高。因此，我们基本可以证实社会资本对大学毕业生工资的影响。

进一步，社会资本在不同规模的城市将发挥的作用有巨大差异。大中型城市更多的是规则社会，中小型城市更多的是人情社会，社会资本在中小型城市中将产生工资溢价，在大中型城市中将不产生工资溢价。经验研究证实了假说，结果稳健。

从微观层面来看，社会资本的确影响大学毕业生的工资，并且在不同规模的城市表现不同。

我们从宏观、微观和经济增长三个方面给出了政策建议。

从宏观层面来看，最重要的政策为推动高科技企业发展，扩大大学毕业生的需求。具体包括：建立公平、公正、透明的市场环境；推动科学研究，构建良好的营商环境，发展高新技术产业；鼓励大学、科研院所的研究人员下海参与创业和科研成果转化；保护知识产权；建立人才特区。

从微观层面来看，帮助应届大学毕业生就业的政策为：构建网络平台，建立公开、公正、透明的招聘制度，鼓励多种方式求职，立法禁止性别歧视，召开更多的招聘会。

从经济增长层面来看，做好经济增长放缓的准备，具体为：推动研发，发挥人才优势，保持经济高速增长；企业应当做好经济增长放缓的准备，切忌高速扩大生产规模；节流政府的财政支出。

目　录

第一章　绪论

本章首先介绍本书的研究背景、理论意义和现实意义，之后综述有关技术进步与经济增长，发展中国家大学毕业生就业，技术进步与大学毕业生就业，社会资本与应届大学毕业生就业、工资的关系四个方面的文献，并对已有文献给予评价。最为重要的是，我们在此详细描述了作者构建的发展中国家技术进步与大学毕业生就业关系的三个数理模型和三个计量模型的基本思路。最后，我们简介作者的几个创新点，并检讨研究的不足之处。

第一节　引言

一、技术进步与大学毕业生就业的研究背景

曹操诗云“青青子衿，悠悠我心。但为君故，沉吟至今”，说明国家对知识分子的渴望。沧海桑田，如今中国的大学毕业生这一知识分子阶层的主体却不得不直面就业的困境。就业关乎个人尊严①（温家宝，2009），就业是关系国家发展和人民福祉的大事，必须千方百计扩大就业②（温家宝，2012）。

改革开放以来，中国的高等教育得到了长足的发展，高等院校的毕业生人数从1981年的14万人飙升到1998年的83万人，短短的17年间毕业生人数增加了大约6倍。从1999年开始，中国高等教育又进入一个崭新的发展阶段，高等教育的发展使更多的人受益。与此同时，高等教育也完成了从“精英”到“大众”

① 温家宝，新华网北京2009年2月28日电。

② 温家宝，国务院总理温家宝2012年政府工作报告。

的转型。

1999年中国高校扩招以来，中国每年新增大学毕业生人数飙升。图1－1给出了自1999年以来的普通本科、专科毕业生人数。从中可以看出，1999年普通高校本科、专科毕业生人数为85万人，到2010年激增为566万人，增长6.7倍。扩招使更多青年获得高等教育的机会，但与此同时，随着每年数百万各个层次的大学毕业生涌向劳动力市场，大学毕业生求职人数大大超过招聘岗位数量，导致就业难题日益凸显。

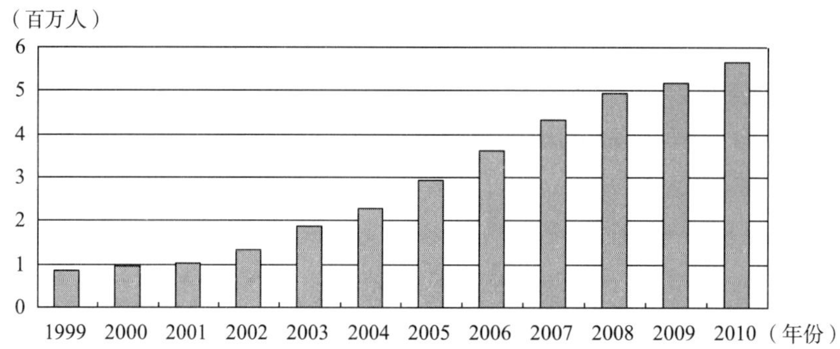

图1－1 普通院校本科、专科毕业生人数

资料来源：教育部网站。

具体表现为大学毕业生就业率不断下降，图1－2表明大学毕业生就业率从2004年的95%下降到2010年的73%。需要指出的是，由于数据来源的限制，我们这里所谈论的大学毕业生是指具有大专以上学历的劳动者，而不仅限于应届大学毕业生。依此计算，到2010年，大专以上学历的毕业生中有1300万人处于失业状态。考虑到刚刚毕业的大学生由于工作经验欠缺，最容易成为失业者中的一员，惊人的大学毕业生失业人数不仅是国家人力资源上的重大损失，同时也是社会不稳定的因素。

鉴于高校毕业生严峻的就业形势，温家宝总理在十一届全国人大五次会议的政府工作报告中特别强调了高校毕业生的就业问题。他指出："抓好高校毕业生、农民工和城镇就业困难人员就业，加强退役军人技能培训与就业安置工作，鼓励高校毕业生投身农村、基层、中西部地区建设。"由于媒体人中绝大多数都是大学毕业生，就业难问题媒体人感同身受，每年的毕业季媒体都要发表连篇累牍的

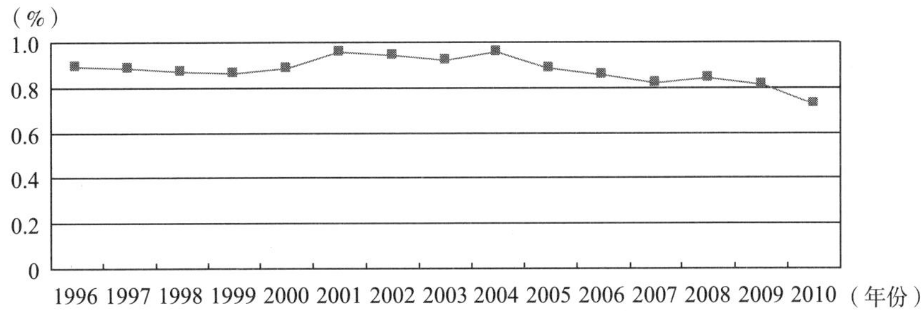

图1-2 大学毕业生就业率①

资料来源：根据中经网统计数据库、《中国劳动统计年鉴》《中国统计年鉴》数据计算得出。

文章谈论大学毕业生就业难问题，一旦经济增长放缓，大学毕业生就业难必成媒体焦点。

人类历史上的三次科技革命分别带来了三次经济发展浪潮，也催生出新的世界经济中心，最近一次的互联网信息技术革命在推动世界经济繁荣中发挥了关键作用。技术进步在中国的经济发展中也发挥了重要作用。特别是改革开放以来，从发达国家获得先进的技术已经成为中国发展的一个重要途径。先进的技术通常体现为蕴含科技含量的机器设备，先进的生产工具必然要求具有更高素质的劳动者来操作。技术进步也必然与大学毕业生工资和就业相联系。两者之间究竟如何相互影响是我们亟待考虑的问题。

中国仍然是世界上最大的发展中国家。无疑，自改革以来，从发达国家引进技术是中国经济发展的一个重要推动力。在技术引进的过程中，大学毕业生的就业状况将如何变化，与受教育程度较低的工人工资差距会扩大还是缩小，这些都是亟待解决的问题。技术引进有其内在规律，随着中国与美国等国家技术水平差距的缩小，中国从这些国家引进技术的困难明显加大。技术引进的困难将会对中国的大学毕业生就业有何影响也值得我们深思。

① 大学毕业生就业率为具有大专以上文化的就业人口数量除以15~64岁以上非在校具有大专以上文化的总人口数量。对于就业人数，我们从《中国劳动统计年鉴》中得到就业人口大专以上所占的比例，从《中国统计年鉴》中得到总就业人数，两者相乘得到大专以上文化的就业人口数量。15~64岁非在校大专以上文化的总人口数量=15~64岁具有大专以上人口数量-在校大学生数量。15~64岁具有大专以上人口数量来自《中国统计年鉴》，在校学生数量来自中经网统计数据库。

二、技术进步与大学毕业生就业关系的研究意义

（一）理论意义

为探讨发展中国家大学毕业生就业情况与技术进步的关系提供理论框架。技术进步与大学毕业生工资和就业关系的文献已经非常丰富，但是专门研究发展中国家大学毕业生就业状况与技术进步的关系的理论和经验研究仍然匮乏。中间产品数量的增加意味着人们更多地利用机器进行生产。在此过程中，技术进步应当拉升大学毕业生的需求。但是在均衡增长路径下，两者的关系仍需准确的数理模型来刻画。质量升级的技术进步也是如此。技术引进是发展中国家经济增长的重要源泉，建立技术进步推动的经济增长与大学毕业生就业的数理模型，可以为解决发展中国家的大学毕业生就业难题提供理论框架，使从宏观上探讨两者关系在逻辑上更加严密，根基上更加扎实。国内外已经有海量的文献探讨有关技术进步与经济增长关系，但是大部分文献没有考虑到不同水平的劳动力在经济增长过程中的不同作用，讨论发展中国家技术引进的过程中大学毕业生的工资和就业的文献更是凤毛麟角。把不同水平的劳动力引入到经济增长的文献，并用之来讨论发展中国家的技术引进过程中大学毕业生的工资、就业，可以为此领域的研究提供一个数理框架，并帮助我们理解发展中国家在技术引进过程中大学毕业生工资和就业的变化，厘清技术引进与大学毕业生就业的关系。此外，模型还为实证研究提供理论基础，并为之确定计量方程和选择合适的参数提供理论依据。

明确大学毕业生就业与技术进步的关系。技术进步中非常著名的是迂回生产，即中间产品种类不断增加的生产。例如捕鱼，最初人们用手捕鱼，后来利用工具叉鱼，再后来先制造绳子和鱼漂，再用这些物品织成渔网，最终捕鱼。我们可以注意到为了捕鱼，中间产品种类不断增加。中间产品生产效率提高促进技术的进步，典型的是计算机技术的进步，虽然中间产品的种类没有增加，但是计算机的运算速度不断飙升，用之进行生产的部门生产效率飞速提高。迂回生产和中间产品效率的上升与大学毕业生就业究竟有何种关系也是经济学家必须着力解决的问题。在标准的新增长理论模型中，在均衡增长路径下，技术进步与大学毕业生的工资和就业究竟是相互推动还是相互阻碍，也值得我们探讨。

发展中国家依靠技术引进推动的经济增长将逐渐放缓，而高素质劳动力（大学毕业生）的发明和创新将成为发展中国家经济增长的原动力。通过技术引进推

动经济增长是包括中国在内的很多发展中国家经济增长的动力，但是随着发展中国家与发达国家的科技水平差距日益缩小，从发达国家引进技术将越来越困难。高素质劳动力即诸多大学毕业生不仅可以在技术引进中发挥主导作用，而且将逐步改写发展中国家依靠技术引进推动经济增长的历史。他们将通过发明和创新把发展中国家的科技水平推动到世界的最前沿，而这些发明和创新将永远改变发展中国家贫穷和落后的历史状况。

（二）现实意义

（1）为从需求角度根本上解决大学毕业生需求不足问题提供科学、可行的政策建议。本文将探讨技术进步对大学毕业生就业的影响，中国当前是否应当积极投资研发部门，可否通过发展高科技企业来解决高校毕业生就业问题。当前大学毕业生就业问题的关键仍然是需求不足的问题。已有的很多论文都是从高等教育与市场脱节、大学毕业生知识结构不合理的角度来探讨其就业问题。但是大学毕业生就业难根本上仍然是市场对大学毕业生需求不足造成的。只有市场提供更多的工作岗位，才能从根本上解决大学毕业生就业问题，但是目前的文献鲜有从需求角度探讨大学毕业生的力作。常识告诉我们，需要大学毕业生的工作岗位通常与伟大的发明、跨时代的创新、高端的机器、复杂的计算相联系，而这些都是技术进步的具体表现形式，因此大学毕业生的市场需求与技术进步天然地存在密切联系。探讨技术进步与大学毕业生就业的关系可以为我们选择技术进步的路径提供帮助，达到既推动经济增长又迅速扩张对大学毕业生需求的目的，显著地摆脱当前大学毕业生就业难的困境。

（2）利用数理模型刻画技术进步与大学毕业生工资以及与不同受教育水平劳动者工资的关系。工资是影响大学毕业生就业的关键指标，如果有很好的薪资，即使是很辛苦的体力劳动，也会有大学毕业生愿意屈就。新闻上报道的大学毕业生报考有编制的清洁工人的例子即为有力证明。那么在发展中国家通过技术引进而发展的过程中，大学毕业生的工资将会如何变化也是学者极度关心的问题。如果可以证明技术引进过程中大学毕业生的工资将不断上升，那么我们应当积极地引进、研发技术，推动技术进步，最终大学毕业生的工资亦将上涨，高工资将吸引大学毕业生进入更多的工作岗位，扩大此群体的就业人数。收入分配的不平等使中国的社会稳定面临极大的挑战，工资差距是造成社会不平等的一个重要原因。那么大学毕业生和非大学毕业生之间的工资差距会随着技术进步扩大还是消弭，就是我们应当探讨的一个重要命题。如果我们能够发现不同受教育水平劳动者的工资差距随着技术进步而消弭，我们便可以把更多的精力投入到控制其他导致收入差距拉大的因素，从而使抑制收入差距扩大的政策更好地发挥作用；反之，我们则调整技术引进的速度，以控制工资差距的扩大。

（3）探讨社会资本与高校应届毕业生工资和就业的关系，推动相应法律政策的出台。根据经典的人力资本理论，由于刚刚毕业的高校毕业生缺乏工作经验，人力资本积累较少，他们更容易成为高学历人口中的失业人群。对于大学毕业生个体，社会资本对个人就业是否有影响、影响的大小，都值得我们关注。城乡背景与个人的社会资本密切联系，来自城乡的大学毕业生在就业上有没有差异，工资上是否相同，这些都是中国当前有关大学毕业生就业大家非常关心的话题。探索造成大学毕业生失业的个人原因，可以为促进就业政策的出台提供理论基石。

（4）推动保持经济持续、长期增长的政策出台。经济增长可能放缓，应当改革现有科研管理体制，让市场推动科研创新，使市场引导技术进步，从根本上改变中国经济增长的原动力。从发达国家引进先进的技术无疑是中国改革开放以来经济增长的一个重要推动力。在技术引进的过程中，科研计划管理可以通过学习发达国家的经验，做到有章可循。但是随着中国与欧美等发达国家科技水平的差异越来越小，技术引进的难度越来越大。因此，自主创新将成为中国未来经济长期增长的主要驱动力。然而，现有的科研管理体制还不能完全适应市场经济的需要，难以充分调动科研人员的积极性。应当像当年鼓励公务员下海一样推动科技人员投入到市场经济的洪流中，给他们提供拼搏的机会，并获得丰厚的个人回报。由市场决定的更丰厚的回报将极大地推动中国的科技创新，促进中国的发展和进步。

第二节　研究述评

专门讨论发展中国家技术进步推动的经济增长与高校毕业生就业关系的文章仍然较少。与本文有关的文献主要集中在以下四个方面：技术进步与经济增长、发展中国家大学毕业生群体就业、技术进步与大学毕业生就业、社会资本与应届大学毕业生个人就业和工资的关系。下面我们就分别综述，并最后给予简评。

一、技术进步与经济增长

经典的内生增长模型主要把技术进步分为两种：中间产品质量升级的技术进步（Barro 和 Sala - i - Martin，1995；Grossman 和 Helpman，1991；钟春平和徐长生，2011）和中间产品种类增加的技术进步（Barro 和 Sala - i - Martin，1995；Acemoglu 和 Fabrizio，2001；钟春平和徐长生，2011）。

（一）中间产品质量升级的技术进步

中间产品质量升级的技术进步指生产过程中机器不断升级推动的技术进步，如用来做实验的计算机运算速度的迅速提高。最早 Dixit 和 Stiglitz（1977）提出一个新的生产函数，从而在技术上为内生增长理论模型提供分析基础。他们分析垄断竞争条件下的经济行为，也就是产品种类扩大的技术创新。Grossman 和 Helpman（1991）则在此基础上分析以产品质量提升为主要形式的创新活动和研发决策（R&D），考察企业的最优研发决策和这些研发活动如何决定经济增长的速度。Aghion 和 Howitt（1992）建立了垂直创新的增长模型，模型中，企业通过研发提高产品的使用效能，新产品的研发成功后，研发企业将制定一个相对于旧产品性价比更高的价格，淘汰旧产品，新产品完全占领市场，成为此市场的垄断企业。因此，企业在研发过程中将考虑产品生存期限，从而制定最优的研发策略。他们发现，长期经济增长率和经济增长的波动都取决于创新的规模、熟练劳动力的规模和研发的效率。Barro 和 Sala - i - Martin（1995）的模型把中间产品质量阶梯纳入经济增长模型中，他们把生产分成最终产品的生产部门、中间产品的生产部门和研发部门。最终产品的生产部门负责生产最终产品，中间产品的生产部门负责生产最终产品生产过程中需要使用的机器设备，研发部门负责研发质量等级更高的中间产品。各个生产部门都最大化自己的利润，在均衡增长路径下，他们得出了经济增长方程。均衡路径下的经济增长方程表明，考虑中间产品质量升级的情况下，经济增长将可以持续，而不是像索罗模型预言的零增长，其增长的原动力来自中间产品质量升级，即技术进步。

（二）中间产品种类增加的技术进步

中间产品数量增加的技术进步指迂回生产。例如，现在利用渔船、渔网、雷达等诸多工具进行捕鱼，虽然投入更多的人力、资本、时间来生产渔船、渔网、雷达，而用来捕鱼的时间缩短，但是捕鱼量却比徒手捕鱼提高上万乃至百万倍。Barro 和 Sala - i - Martin 在 1995 年提出中间产品种类递增的内生增长理论模型。模型包括三个部门，即最终产品的生产部门、中间产品的生产部门和研发部门。最终产品的生产部门利用中间产品进行生产，生产函数为标准的 Dixit & Stiglitz 生产函数。中间产品的生产部门为一个掌握专利的垄断企业。研发部门为完全竞争的研究企业，各个研发企业进行研发竞争。在一般均衡的框架下，每个部门都最大化自己的利润，最终可以得到在均衡增长路径下的经济增长率。模型表明，在中间产品递增的情况下，经济可以持续增长，其增长的原动力来自技术进步，即中间产品种类的递增。但是 Barro 和 Sala - i - Martin 的模型没有考虑不同技能水平的工人在生产中的作用。为了更加准确地刻画不同技能水平的工人在经济增长中的重要作用，Acemoglu 和 Fabrizio（2001）发展了一个考虑熟练劳动力和高水平的机器（即中间产品）相互搭配，而非熟练工人与低水平的机器（即中间产品）相互匹配的内生增长理论模型。两位作者继承了 Barro 和 Sala - i - Martin 的最终产品生产、中间产品生产、研发三部门框架。Acemoglu 和 Fabrizio 的研究表明，在均衡增长路径下，熟练劳动力数量越多，经济增长越快，研发交易成本越高，经济增长越慢。Acemoglu（2011）的最新研究表明，市场中学者的逐利性和专利的有效期不足，将会导致研究方向单一、同质化，而多样性不足，但研究方向的多样性有利于经济增长。科学研究方向越广泛，经济增长前景就越佳。但是由于其中部分创新不能立即转化为市场利润，研究领域会局限于那些立即可以转换为利润的领域，而那些当前无法获得利润却对未来的发展有重要推动作用的研究将受到限制。这是因为当前的研究者无法获取他们的研究成果在未来产生的利润，所以市场无法激励科技工作者对那些将在自己专利失效后的领域进行研究，从而造成整个社会研究者急功近利，对那些关乎人类长期发展的研究不足，即研究的多样性不足。只有学者的信仰，比较优势和非逐利行为才有利于研究的多样性，可以推动经济增长。

最近钟春平和徐长生（2011）发现，企业在研发过程中要做出是增加最终产品种类抑或提升中间产品质量的抉择。最终产品更多地体现产品的多样性，这种创新的增长机制主要以边干边学为主，具有间接的增长效应；而中间产品的创新更多的是中间产品质量的提升，它直接提高增长速度，具有直接的增长效应。

二、发展中国家大学毕业生群体就业

探讨发展中国家大学毕业生这个群体就业问题的文献主要分为知识失业和教育深化两个方面。

（一）知识失业的理论

知识失业指受教育人口失业的现象，在中国最典型地表现为大学毕业生失业。很多经济学家都对这个问题进行了研究。

研究失业问题的首要任务为失业的定义问题。1954 年，国际劳工组织（International Labor Organization）对失业进行了定义，其定义包括三个标准：①没有工作；②马上可以工作；③正在求职。但是对于发展中国家来说，由于其广大的农村地区求职的信息非常不完善，而且失业人口求职的渠道也不是很畅通，所以“正在求职”的限定条件就显得非常狭隘，因此国际劳工组织在第 13 次国际劳工统计会议上对其进行了修改，放宽了“正在求职”的定义。以下是已有文献对“知识失业”的解释。

政府对高等教育的投资过多，导致大学毕业生人数过多，从而导致失业（Upadhyay，1994；田永坡，2006；马颖和秦永，2008；吴要武和赵泉，2010；王文明、张新乐和自涛，2007）。Upadhyay（1994）的文章试图解释在印度等人口密集的发展中国家的知识失业问题，他发现政府对教育投入过多激励了更多的人接受高等教育，而市场无法提供足够的工作岗位，最终必然导致失业。在文章中他构建了一个两部门的增长模型，即物质生产部门和教育部门。在教育部门中，Upadhyay 做出了一个与众不同的重要假设：学校对人力资本生产是规模收益递增的，即对教育的投入增加 n 倍的话，人力资本的生产会比原来的 n 倍还多。在经济增长过程中，家庭决定对物质资本和人力资本的投资。他还假设受教育工人的工资是刚性的。根据这些假设他构建了经济增长模型，并分析了人力资本和物质资本在经济增长中的变化路径。他发现，如果政府加大对教育的投入，那么个人的教育成本就会降低，就学人数将会增加。其结果必然是受教育人数显著超过市场需求，同时也造成受教育人口失业状况的恶化。如果政府想降低受教育人口的失业率，那么政府应当减少对教育的投入。由于他假设受教育人口不会接受简单的劳动岗位，那么受教育人口增加的同时也就意味着未受教育人口供给的减少，从而减少了整个物质生产部门的产出，而受教育人口又处于失业状态，所以受教育人口的大量失业对整个社会是巨大的损失。田永坡（2006）根据多国的经验发现，当高等教育快速发展时，通常会出现大学毕业生失业的现象。其原因包括大学毕业生供给总量增加、市场需求减少、高等教育运行机制不适应市场变化以及劳动力市场不完善等。马颖和秦永（2008）提出了一个市场分割的纯理论模型来研究中国的大学毕业生失业的问题。他们的研究结果表明，大学毕业生的迅速增加是导致其失业的重要原因。吴要武和赵泉（2010）将1999年的高校扩招视为一个自然实验，在一个控制—干预框架内，评估了扩招对应届大学毕业生市场表现的影响，发现扩招的确给应届大学毕业生的就业带来困难，这主要表现为劳动参与率下降，失业率上升。王文明、张新乐和自涛（2007）提出，高等教育领域投入相对较多，而职业技术教育被忽视，导致中国教育结构超前。由此引起人力资本供给结构与现有经济发展水平下产业结构派生出来的对人力资本的需求结构不匹配，出现了“技工荒”和“知识失业”并存的局面。针对这一现象，他们提出政府应当加大职业教育的投入，并调整产业结构，同时还应当转变观念提高“蓝领”工人的社会地位。因此这些学者提出了控制高等教育规模、改善教学内容和专业设置、为大学毕业生提供就业援助、实施大学生创业计划、鼓励大学生到特定地区就业等多个措施。

由于企业和工人都具有独一无二的特征，劳动力市场是不完全竞争的，不完全竞争的劳动力市场造成不同技能水平的工人的需求和供给不平衡，进而导致失业（Thisse 和 Zenou，2000）。Thisse 和 Zenou（2000）构建了一个劳动力市场的垄断竞争模型。假设每一个企业和工人都是异质的。他们认为，每个工人和企业都相差无几，但是每个工人和企业都有自己独一无二的特点，所以每个企业都需要与自己企业要求相符的工人，每个工人也试图在符合自己特点的企业就业。最后企业和工人通过工作匹配（Job Matching）过程形成工资。企业提供需要一定技能水平的工作岗位，而工人也寻求适合自己的工作岗位，但工人要支付培训成本。由于企业有权决定提供各种不同的岗位，所以他们有一定的垄断力，因而，企业支付的工资会比完全竞争市场下的工资低。最终他们发现，由于企业和工人都是独一无二的，所以劳动力市场不是完全竞争的，而不完全竞争的市场造成不同技能水平的工人的需求和供给不平衡，进而导致失业。

经济停滞和结构调整造成青年人失业，特别是受教育青年失业（Calves，2004）。Calves 利用2000年布基纳法索的统计数据分析了青年的就业状况，并分析了青年的就业形势随时间变化的过程。他认为，布基纳法索的经济停滞、经济结构调整政策（Structure Adjustment Project）都减少了城市的就业机会，青年成为首当其冲的受害者，而其中受影响最大的是受教育青年。通过布基纳法索的统计数据，他发现布基纳法索受教育的年轻男性的失业率已经达到40%，而受教育的年轻女性的失业率为55%，而且很多受教育青年在一些非正规部门（如服务业）就业。从数据中我们可以看出，平均两个毕业的学生就有一个失业，可见受教育青年在布基纳法索的失业状况是非常严重的。

大学毕业生可以通过移民获得高工资，因而其宁愿等待移民，也不愿意在低工资岗位就业，造成失业（Fan 和 Stark，2007）。Fan 和 Stark（2007）提出，发展中国家人力资本投资的两个典型特征：第一，发展中国家的一部分受教育人口会移民到发达国家。受教育人口在发展中国家还是一种稀缺资源，这种移民被称为智力外流（Brain Drain）。第二，在发展中国家很多受教育人口处于失业状态，特别是刚刚毕业的大学生的失业问题非常严重。Fan 和 Stark 认为，发展中国家产生知识失业问题的一个重要原因是国际移民。因为个人有可能通过移民到国外而获得高工资，所以很多人对教育进行投资，受教育人口显著增加。这些受教育人口的保留工资较高，如果这些人不能移民国外，那么他们就不会立即在本国就业，而是处于失业状态，从而造成知识失业。Fan 和 Stark 的理论与先前的经验研究的结论相同。

工作搜寻期可以解释大学毕业生失业。林毓铭（2002）认为，中国的劳动力市场是典型的二元结构市场。一是城市正规部门：高工资、高福利、工作体面的大企业和政府部门。二是工作岗位报酬低下、工作环境恶劣、时刻面临失业的城市非正规部门，其典型代表为小型企业和个体工商业以及打零工。因为大学毕业生对工资的期望较高，他们宁愿在高工资的部门持续搜寻工作机会，也不愿意到低工资的非正规劳动部门和农村劳动力市场就业。这种失业的根本原因是中国当前无法提供足够的城市正规部门工作岗位，因此中国应当控制高等教育的规模。

劳动力市场的制度性分割也是造成知识失业的一个重要原因（赖德胜和田永波，2005；张建军，2007；应松宝，2007；杨文奇，2006）。赖德胜和田永波（2005）构建了一个工作搜寻模型，并用之分析了中国当前知识失业产生的原因。模型中，大学毕业生在劳动力市场搜寻工作岗位，搜寻的次数越多，获得高工资工作岗位的机会就越大，但是搜寻次数越多，成本就越高。当其搜寻的边际成本等于边际收益时，搜寻次数为最佳结果。研究结果表明，阻碍劳动力流动的市场分割造成大学毕业生的失业。其中，劳动力市场分割指工作岗位对户籍的限制，社会保障制度的城乡、地区、行业分割等诸多市场分割现象。因此，应该逐步消除劳动力市场的制度性分割，鼓励大学毕业生到西部和农村等次要劳动力市场上就业。张建军（2007）利用劳动力市场分割理论（Labormarket Segmentation）来解释中国大学毕业生的就业问题。他认为，我国劳动力市场的主要特征是制度性分割。这种制度性分割包括由所有制决定的体制性分割与由政策和区域差异决定的城乡二元劳动力市场分割两个方面。这决定了在主要劳动力市场从业的劳动力，可以获得相对较高的“分割性收益”，但一旦劳动力进入次要劳动力市场，各种分割性收益就会消失。因此，劳动者都想方设法进入分割收益区，造成主要劳动力市场职位竞争态势愈演愈烈，而基层、西部地区、农村和乡镇企业所构成的次要劳动力市场却景象萧条、人才匮乏。应松宝（2007）也认为，劳动力市场分割是造成大学毕业生失业的重要原因，劳动力市场分割的现象包括区域分割、户籍分割、工作经验分割等。杨文奇（2006）认为，正规就业部门和非正规就业的劳动力市场分割是造成中国大学毕业生失业的重要原因。大学毕业生的知识是按照进入正规劳动力市场设计的，如果不能在正规劳动力市场就业，他们就不会选择到非正规劳动力市场就业。因为如果他们在非正规劳动力市场就业，就很难再回到正规劳动力市场就业。

大学毕业生失业的一个原因是高等教育所传授的知识与社会现实需求之间的脱节（曾湘泉，2004；张车伟，2008；王新和冯玉双，2010）。例如，用人单位最看重应届大学毕业生的专业和对专业知识的掌握程度，而有些大学一方面不研究社会的需求，专业的开设与社会需求脱节；另一方面也忽视专业的培养质量和水平。此外，沟通协调能力、基本解决问题能力也被用人单位视为大学生最大的短板。这表明，大学生培养问题，特别是工作态度、职业道德和职业操守，以及人际关系的处理等非认知技能的培育问题是中国当前高等教育中的一个突出问题。学者提出了研究和制定长期的大学生人才培养战略，以创业带动就业，从需求政策入手，缓解劳动力市场的压力，改革户口和就业协议等诸多对策。

（二）教育深化现象的相关理论

发展经济学家把有较高教育背景的工人从事原来只需要较低教育背景的人做的工作的现象称为教育深化。教育深化的问题在印度、孟加拉国等发展中国家都存在。例如，大学毕业生做出租车司机。在20世纪70年代的美国和80年代的欧洲也存在过类似的现象，很多经济学家都研究了这种现象，并分析了不同受教育水平工人就业之间的相互关系。这些论文或者讨论了不同受教育（Education）水平工人就业之间的关系，或者讨论了不同技能（Skill）水平工人就业之间的关系。但是从总体上看，经济学家基本上是把受教育水平等同于技能水平，或者认为其密不可分。相对于中国的实际情况来看，我们可以把受过高等教育的工人和高技能水平的工人都看成大学毕业生；把受教育水平低的工人和低技能水平的工人看成非大学毕业生。

部分文献提出确实存在教育深化的现象（Dresch，1975；谭崇台，1996；Dolado，Felgueroso 和 Jimeno，2000；蒋虹，2007；Ma 和 Qin，2010），并用工作匹配模型、收益成本分析来解释其产生的原因。Dresch（1975）的论文强调高等教育对技术进步和经济增长的推动作用，其研究结果表明受过高等教育工人的增加对没有受过高等教育工人的就业有不利影响。文章回顾了 1929 ~ 1969 年中受高等教育的人口在总人口中的变化，并构建了双市场模型：受过高等教育的劳动力市场模型和没有受过高等教育的劳动力市场模型。在模型中 Dresch 采用了劳动的规模收益不变的生产函数，并且这两个市场都同时受技术进步的影响，通过最大化企业的利润，Dresch 得到了两个市场的需求曲线，需求和供给相等就得到了均衡解。通过该模型他发现，受过高等教育的劳动者对没有受过高等教育的劳动者的就业有不利影响。他还根据自己的模型估计从 1970 ~ 2000 年美国高等教育的入学率会降低 33%。谭崇台（1996）提出，发展中国家私人成本和社会成本的巨大差异刺激了公众对高等教育的无限需求，使高等教育规模迅速扩大。与此同时，发展中国家二元经济中现代部门的就业机会有限，不能吸收全部大学毕业生，因此出现了聘用大学毕业生做原来教育程度较低的人可以胜任的工作，造成教育深化的现象。Dolado 等（2000）研究了受教育水平高的工人会对受教育水平低的工人产生挤出效应（Crowding - out）。在西班牙，青年失业问题最为严重，而其中失业率最高的是受教育水平低的青年。由于受教育水平高的工人挤占了本属于受教育水平低的工人的工作机会，那些受教育水平低的工人的就业机会就相应减少。同时他们还发现，企业为受教育水平低的工人提供的在职培训也减少了，这使受教育水平低的工人升职的可能性降低。为了解释这一现象，他们构建了一个工作匹配模型。在他们的模型中有两种工作岗位：高技能工作岗位和低技能工作岗位。工人也分为两种，即受教育水平高的工人和受教育水平低的工人。但劳动力市场是一个混合的市场。在这个市场中受教育水平高的工人两种工作都可以做，而受教育水平低的工人只能在低技能岗位就业，企业和工人在市场中通过相互匹配达到均衡。他们发现，如果受教育水平高的工人数量增加，企业为工人提供培训的机会就会减少，而参加培训的主要是受教育水平较低的工人，所以他们的利益受损。因此他们提出，政府应当鼓励企业创造高技能的工作岗位，同时为受教育水平低的工人提供一定的补贴以补偿他们的损失。蒋虹（2007）分析了大学毕业生对受教育水平低的工人的挤出效应，即教育深化的现象。由于发展中国家的劳动力市场存在传统部门和现代部门，劳动者因传统部门报酬低而不愿屈就，而涌入现代部门求职，现代部门由于职位有限，因此，就倾向于雇用受教育程度较高的人去做原来由受教育程度较低的人所做的工作，必然造成教育深化的现象。Ma 和 Qin（2010）通过中国各省的面板数据证明中国当前存在教育深化的现象。

但是，部分学者发现，受过高等教育的人口对受教育程度较低的人口并没有挤出效应（Ours 和 G. Ridder，1995）。Ours 和 G. Ridder（1995）探讨了不同受教育水平工人之间的竞争关系，他们采用了工作匹配模型进行了计量检验，其数据来源于荷兰中央统计局（Dutch Central Bureau of Statistics）在 20 世纪 80 年代的几次调查统计。他们发现，荷兰在 20 世纪 80 年代初经济不景气时，不同受教育水平工人之间的就业率差异巨大。部分经济学家认为当经济不景气时，企业会先解雇那些受教育水平低的工人，而后才会解雇受教育水平高的工人。这可能有两个原因，一个原因是企业在高失业率时，提高了自己雇用工人的标准（Okun，1981）；另一个原因是当工作岗位稀缺时，受教育水平高的工人更有可能获得工作机会（Thurow，1975）。但是 Ours 和 Ridder 通过计量检验发现，受教育水平低（如小学和初中）的工人之间不存在竞争关系，而受过大学教育的工人只与受过高等职业教育的工人存在竞争关系。

部分研究发现，只有工人的就业岗位与其受教育水平相匹配时，才对经济增长有利，否则会产生教育深化的现象。Quinna 和 Rubb（2006）研究了发展中国家的教育、工作匹配问题，其方法为计量研究。他们认为，工人的教育水平和他们的工作岗位所需的受教育水平同时影响工人的工资。如果工人受教育水平与工作岗位所需的受教育水平不匹配（教育过度或教育不足），工人的生产率就会降低。所以，发展中国家在发展教育的同时也要保证相应工作机会的增加，这样才能充分发挥受教育工人的潜力，达到全社会的帕累托最优。

有研究发现，受教育水平越高，失业率就越低（Ashenfelter 和 Ham，1979；McKenna，1996；Gregg 和 Manning，1997）。Ashenfelter 和 Ham（1979）发现，受教育水平越高，失业率就越低。他们使用美国密歇根大学动态收入调查（Income Dynamic Survey）的数据对成年男性受教育水平和就业的关系进行计量研究，发现受教育水平越高的工人，失业时间越短。这说明受教育水平越高，工人的失业率越低，但是受教育水平和工人的在岗时间无关。McKenna（1996）研究了受教育工人的就业和工作匹配的问题，受教育工人水平高的工人失业时间较

短。教育可以扩大工人的求职范围，如受教育的工人可以做简单的工作，但是未受教育的工人却无法从事复杂的工作。对于受教育工人来说并不是总能找到适合自己受教育水平的工作岗位，那些没有找到合适工作的受教育工人就只好做一些相对简单的工作，同时他们还继续试图寻找更合适的工作岗位。在该模型中教育的投资和就业率相互影响，并最终达到均衡。在均衡状态，受教育工人和未受教育工人都存在失业问题，但是由于受教育工人可以选择做简单的工作，所以他们的失业时间会较短。两种工人的生产率变化对失业的影响也有所差异，受教育工人生产率的提高可以降低总的失业率，而未受教育工人生产率的提高对总失业率的影响却是不确定的。Gregg 和 Manning（1997）提出，工人的就业更多地受工人的技能水平影响，而劳动力市场的结构对就业的影响较小，因此高技能的工人就业率较高。他们假设，劳动的供给曲线不是由工资而是由相对工资决定，即劳动供给曲线是由高技能工人和低技能工人的相对工资决定的。他们的主要结论为，随着技术的升级换代，工人的就业更多地受工人技能水平的影响，而劳动力市场的结构对就业的影响较小。所以他们对解决就业问题的政策建议是，政府应当帮助工人进行培训或对工人进行补贴，以支持工人积累人力资本。

有文献提出一个分析不同受教育水平工人的分析框架。Moreno - Galbis（2006）的论文试图解释欧洲国家在就业方面的几个问题。

（1）高失业率，特别是低技能水平的工人失业率更高。

（2）高技能工人和低技能工人的相对工资长期稳定的原因。

（3）人均产出增长率放缓。

他在文章中构造了内生增长的一般均衡模型，在模型中有两种类型的工作岗位——简单工作岗位和复杂工作岗位，工人也分为两类——高技能工人和低技能工人。其中，高技能工人两种工作都可以做，而低技能工人只能做简单的工作。工人和企业按照 Pissarides 的工作匹配方程来匹配。他发现，如果把技术进步和边干边学引入一般均衡模型中来，该模型的结论与欧洲国家的现实拟合得很好。所以他的模型很适合估计经济政策的效果。

Boom（2005）认为，高技能工人（或称熟练工人 Skilled Worker）劳动力市场是完全竞争的劳动力市场，但是由于信息的不对称，没有企业愿意为培育高技能工人投资，因此市场的高技能工人较少。在这个市场中，工人无法观察到自己产出的高低，而且工人还要负担求职的成本。此时，市场对熟练工人有一个逆向选择的过程。企业有两种方式得到熟练工人：直接从市场雇用和自己培训。当企业自己培训工人时，在培训结束后，企业可以观察工人的最终生产率。企业会雇用生产率较高的工人，并解雇生产率较低的工人。如果企业从市场雇用高技能工人，则没有培训成本，所以企业更倾向于直接从市场上雇用高技能工人。但是如果所有的企业都不对工人进行培训，那么市场上高技能工人的整体质量就会降低，因此部分企业又不得不通过自己培训工人来获得高技能工人。最后由企业的劳动需求和工人的劳动供给的均衡决定高技能工人的工资。

教育深化会产生不良的经济和社会影响（杨竹节，2003）。教育深化拉大了个人预期收入和个人成本的差距，提高了教育的社会成本，造成人力资源的闲置和浪费，加剧收入分配的不平等，不利于社会稳定。解决教育深化的问题要从发挥劳动力市场的作用、调整教育投资的结构、发展高科技行业方面着手（杨竹节，2003）。

总的来说，大部分经济学家研究的结果表明，教育对个人就业有帮助。它具体表现在两个方面。第一，受教育工人会有更多工作机会可以选择，所以受教育水平高的工人就业率比受教育水平低的工人就业率高；第二，受教育水平高的工人的增加会促使企业减少培训投资，从而损害受教育水平低的工人的利益。

三、技术进步与大学毕业生就业

部分学者发现，技术进步有利于大学毕业生的就业。Flug 和 Hercowitz（2000）检验了机器设备的投资和高技能工人［或称熟练工人（Skilled Worker）］就业率之间的关系。他们利用多个国家的面板数据证实机器设备的投资会拉升对高技能工人的需求，并推动高技能工人工资的上涨。具体来讲，在完成机器设备投资一年后，工资就明显地上涨，而且会持续 1 ~ 2 年时间；相比之下，就业率上升缓慢：它在机器设备投入 3 年后才上升，但是它持续的时间较长。技术进步对高技能水平的工人就业有利。Haskel 和 Martin（2001）检验了技术进步与高技能工人的需求之间的关系。他们发现，高技能工人的短缺与技术进步是密切联系的，即技术进步导致高技能工人的短缺，同时也导致高技能工人和低技能工人工资的巨大差异。所以他们建议，随着技术的进步，必须有一个相适应的培训机制。这个机制应当是长期的，并且和技术进步相适应。

研究者还发现，创新种类的不同对就业会产生截然相反的作用。Evangelista 和 Savona（2003）提出，提高效率的创新导致失业，而知识密集部门的发展促进就业。他们利用意大利服务业的数据对不同技能水平工人的就业状况进行了计量研究。他们发现在企业技术创新的过程中，高技能的岗位取代了低技能的岗位。

技术创新和就业率是负相关的关系，即技术创新导致失业，在劳动密集型的企业和金融服务业，技术创新导致大量的失业。创新一般有两种：一种创新可以提高服务业的效率，他会引起失业人数的增加；另一种创新是知识密集型部门的发展，它可以促进就业，而不是导致失业。意大利的实际情况是创新导致失业。有的学者（Acemoglu，2002；张娟娟，2010）通过实证分析认为，技术进步有技能偏向型和技能替代型，技能偏向型技术进步能够提高熟练工人的生产率，增加熟练工人就业，非熟练工人的就业降低；技能替代型技术进步使非熟练工人替代熟练工人工作，增加非熟练工人就业，减少熟练工人就业。张娟娟（2010）从三个方面分析技术进步对中国大学毕业生就业产生影响的机制，她利用索洛余值函数法估算全要素生产率来代表技术进步，并用之来分析技术进步与大学毕业生就业的关系。研究发现，技术进步对大学毕业生就业产生了负效应。导致这一结果的原因可能是作为技术进步影响就业的三条途径中的出口、进口投入对熟练劳动力就业产生的不利影响大于 FDI 对熟练劳动力就业产生的积极影响。为克服技术进步对大学毕业生就业的不利影响，她提出：增加教育和科技活动财政支出，引导和鼓励企业增加科技投入；完善外商直接投资环境和主体结构，改善出口和进口商品贸易结构；调整和优化产业结构，促进产业结构升级三条政策建议。

四、社会资本与应届大学毕业生个人就业和工资的关系

现有研究主要考虑三个影响应届大学毕业生工资和就业的因素，分别是人力资本、社会资本、个体特征，本书主要关注社会资本对应届大学毕业生就业的影响。

大部分文献证明，社会资本有利于应届大学毕业生就业，并且可以帮助其获得高工资。理论分析一般认为社会资本能够通过以下三种方式帮助个人就业：提供招聘信息、加深用人单位和应聘者之间的信任和直接向企业推荐求职者（Glaeser 等，2002；Fernandez 等，2000）。个人获得的招聘信息越多，就业的可能性越高，获得高工资的概率就越大。应聘者和招聘单位的信任程度越高，招聘企业更倾向于雇用应聘者。企业一般都非常重视自己员工推荐的人选，被应聘单位雇员推荐的求职者更容易获得工作机会。大部分经验文献也证明，社会资本有利于应届大学毕业生求职，并且能帮助毕业生获得高工资的工作岗位。父母的职务越高，应届大学毕业生获得工作的可能性越大（孟大虎，2012；李宏彬等，2012，秦永和裴育，2011）。父母的职务越高，其社会关系网络越大，个人越容

易就业。另有文献发现，“父亲职业”和“父亲受教育程度”越高，应届大学毕业生起薪就越高（孟大虎，2012；岳昌君等，2004；文东茅，2005；胡永远和邱丹，2011，Urwin 等，2008）。

五、简评

自 20 世纪 80 年代，经济学家就逐步把技术进步内生化到经济增长理论中，由之发展起来的理论被称为内生增长理论。内生增长理论使经济学摆脱了索罗模型中的零增长陷阱，并且从技术进步的角度解释了人类长期、持续的经济增长。同时新增长理论也为后来的研究提供了一个基本的模型框架和研究思路。这些理论已经成为宏观经济学不可或缺的重要内容，其中部分文献作为经典理论写入了高级宏观经济学教材，其巨大的理论贡献可见一斑。但是我们也要认识到，其中大部分文献都没有考虑到不同受教育水平的劳动力在技术进步中的作用，更没有考虑到发展中国家在技术引进过程中的特殊性，因而仍然不能直接被用来分析发展中国家（如中国）的大学毕业生就业问题。从笔者了解的文献来看，仍然没有一个可以用来分析发展中国家大学毕业生就业问题的标准的数量模型框架，因而笔者愿意尝试在此方向做一些工作。

探讨发展中国家大学毕业生就业问题的文献亦是浩然如林。这些着眼于发展中国家的特殊地位、研究发展中国家大学毕业生失业问题的文献为我们提供了一个很好的研究视角。发展中国家大学毕业生失业这一特有的现象吸引了诸多经济学家的关注，并开拓出一个崭新的发展经济学研究领域。此后，新的文献如雨后春笋般涌现，研究更是逐步深入。现有文献提出了发展中国家高等教育投资过度等解释，并提出控制高等教育规模等经济政策。这对发展中国家制定教育政策，控制教育规模发挥了积极的作用。然而，自从新增长理论诞生以来，鲜有文献从技术进步与大学毕业生就业的角度来探讨大学毕业生就业问题，而用新的理论模型来探讨经典问题是经济学研究的一个重要视角。

有关技术进步与大学毕业生就业的纯理论研究是我们进一步研究的基石，同时也为深入研究提供了可以借鉴的计量方法和模型。但是这些计量研究的理论基础略显不足，因而说服力稍显欠缺。我们的计量研究将建立在标准的新增长理论框架下，给出技术进步与大学毕业生就业关系的方程。在已有方程的基础上通过计量方法对两者的关系予以证实，因而会使结论更有说服力。

第三节　研究的内容与主要思路

一、研究内容

本书的研究内容主要由四大部分组成。

（一）理论部分

主要研究内容是把不同受教育水平的劳动者（把工人区分为大学毕业生和非大学毕业生）纳入技术进步的内生经济增长模型，并考虑发展中国家技术引进过程先快后慢的规律。在分析技术进步的过程中，大学毕业生对经济增长的影响，大学毕业生就业、工资的变化，以及经济增长在技术引进过程中的变化。尝试建立以下三个模型：

1. 不同水平的工人和不同机器匹配的中间产品质量提升的经济增长和大学毕业生就业模型

主要基于 Barro 和 Sala－i－Martin（1995）模型，区分不同受教育水平的劳动者（工人），受教育水平高的工人与高级机器相匹配进行生产，受教育水平低的工人与一般的机器相匹配进行生产，并考虑发展中国家在技术引进过程中存在先快后慢的过程。模型中技术进步的具体表现为与劳动者匹配的机器随着研发生产效率不断提升，最终求出均衡增长路径。利用此标准的内生经济增长框架分析这种技术引进对大学毕业生就业、工资的影响，并观察在发展中国家技术引进过程经济增长的动态变化和不同受教育水平的工人之间的工资差距的动态变化。

2. 大学毕业生参与研发的中间产品质量提升的经济增长和大学毕业生就业模型

Barro 和 Sala－i－Martin（1995）的模型把生产分成三个阶段——最终产品的生产、中间产品的生产、研发。与 Barro 和 Sala－i－Martin 的假设不同，我们认为大学毕业生在研发阶段将发挥关键作用，因此我们设研发阶段的关键投入为大学毕业生人数，而不是资本。非大学毕业生则负责利用机器生产最终产品。同时，我们也考虑发展中国家在技术引进过程中会先快后慢，模型中技术进步的具体表现为与劳动者匹配的机器随着研发生产效率不断提升，最终求出均衡增长路径，得到经济增长率方程。最后，分析发展中国家在技术引进过程中大学毕业生就业、工资的动态变化，并观察在发展中国家技术引进过程经济增长的动态变化和不同受教育水平的工人之间的工资差距的动态变化。

3. 大学毕业生参与研发的中间产品种类增加模型

本部分将在 Acemoglu 和 Fabrizio（2001）模型的基础上引入不同受教育水平的劳动者，与原有模型不同，我们将假设研发的主要投入为大学毕业生的人力，而不是资本，之后考虑到发展中国家技术引进服从的特殊规律，此时推动发展中国家经济增长的技术进步为中间产品种类的增加，最终得出均衡增长路径。最后，再分析发展中国家在技术引进过程中大学毕业生就业、工资的动态变化，并观察在发展中国家技术引进过程中经济增长的动态变化和不同受教育水平工人之间的工资差距的动态变化。

理论部分三个模型的主要目的有两个：一是对现有模型进行扩展，以期分析技术进步导致的经济增长对大学毕业生就业的影响；二是为第二部分的实证研究提供理论基础。

（二）数值模拟

由于中间产品质量递增的模型很难量化每种中间产品的质量递增数量，即每种中间产品生产效率上升的数值，所以最好的方法为利用数值模拟的方法对模型进行验证。

我们将首先根据已有的文献给出相应参数的数值，之后根据现实的经济增长数据利用 Matlab 校准得到模型中未知参数的值。之后把现实的数据和给定的参数值代入数理模型的方程中，得到大学毕业生就业和工资的模拟值，并把它与真实值进行比较，以验证模型的解释力。此外，我们还会分析发展中国家（中国）的经济增长过程、不同受教育水平工人的工资差距等问题。

（三）实证部分

主要是在理论研究的基础上，利用收集到的数据，通过计量模型进行定量分析，考察中国的大学生就业、技术进步和经济增长之间的关系。

我们将利用各年《中国统计年鉴》《中国劳动统计年鉴》等年鉴的数据得到各省、市、自治区多年大学毕业生就业率的数据。之后，寻找可以代表中间产品质量升级和种类增加的技术进步的指标。然后，用 OLS 估计方法、柯布—道格拉斯生产函数方程估计出中国各省、市、自治区多年的全要素生产率。最后，利用面板数据的估计方法，探讨技术进步、经济增长与大学毕业生就业的关系。

同时我们将利用作者调查的微观数据研究社会资本与应届大学毕业生就业和工资的关系。新进入劳动力市场的应届大学毕业生由于没有工作经验，较容易成为失业者。我们将调查某地应届大学毕业生的微观数据，尝试从微观层面探讨社会资本对应届大学毕业生就业、工资的影响。

（四）对策部分

这一部分的主要任务是针对此前的理论和实证研究得出的结论，提出相应的对策建议。在明确中间产品质量升级和中间产品种类提升与大学毕业生就业的关系之后，我们将提出政府应当推动技术进步，还要适当抑制技术，以保证大学毕业生的就业。同时，我们也将提出微观层面帮助应届大学毕业生就业的政策。例如，是否要推动网络平台的建设，是否要提倡建立公平就业的制度，是否要增加招聘会的次数。

二、主要思路

本课题的研究思路有以下两个：

(1) 在技术进步推动的经济增长模型中，研发成为推动经济增长的决定性因素，而研发部门的主要投入是高素质的劳动力——大学毕业生。大学毕业生越多，经济增长越快，同时研发部门对大学毕业生的需求就越多，两者相互促进。但是由于发展中国家的研发部门更多的是从发达国家引进技术，而不是独立创新，发展中国家的大学毕业生的需求必然受技术引进的自然规律的影响。常识告诉我们，发展中国家从发达国家的技术引进将随着发展中国家技术水平的上升而放缓。与此相对应，研发部门从发达国家引进技术研发出新的中间产品的概率逐渐下降，因此发展中国家的研发部门对大学毕业生的需求将有一个先快速增长，而后逐渐放缓的过程。新增的大学毕业生就业人数也将随之而变化。

（2）在技术进步的经济增长模型中，不同的中间产品与不同受教育水平的劳动者匹配进行生产。但是在技术引进过程中，中间产品不断升级换代或者数量增加，其对劳动者受教育水平的需求也持续提高，其结果表现为技术进步和人力资本的积累推动经济增长，而经济增长又引起大学毕业生需求的变化。但是发展中国家的技术进步服从先快后慢的自然规律，我们可以把发展中国家技术进步过程中大学毕业生的就业的变化更加准确地刻画出来。

总之，我们将按照图1－3的路线图进行研究。

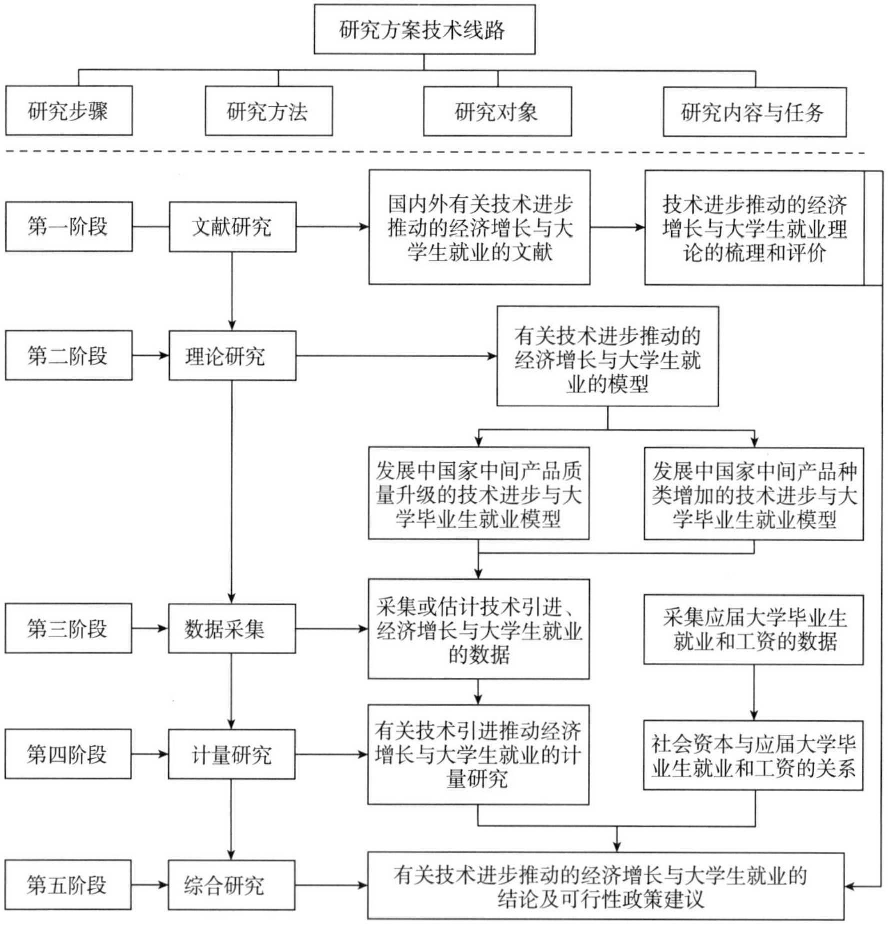

研究方案技术线路

研究步骤
研究方法
研究对象
研究内容与任务

第一阶段
文献研究
国内外有关技术进步推动的经济增长与大学生就业的文献
技术进步推动的经济增长与大学生就业理论的梳理和评价

第二阶段
理论研究
有关技术进步推动的经济增长与大学生就业的模型
发展中国家中间产品质量升级的技术进步与大学毕业生就业模型
发展中国家中间产品种类增加的技术进步与大学毕业生就业模型

第三阶段
数据采集
采集或估计技术引进、经济增长与大学生就业的数据
采集应届大学毕业生就业和工资的数据

第四阶段
计量研究
有关技术引进推动经济增长与大学生就业的计量研究
社会资本与应届大学毕业生就业和工资的关系

第五阶段
综合研究
有关技术进步推动的经济增长与大学生就业的结论及可行性政策建议

图1－3　研究的路线

第四节　创新与不足

一、创新之处

（1）建立分析发展中国家中间产品带动的技术进步与大学毕业生就业的三个理论框架。笔者根据掌握的文献，首次利用标准的数理模型探讨发展中国家技术进步与大学毕业生就业的关系。经典的内生增长模型基本都未区分不同受教育水平的劳动力，更鲜有文献针对发展中国家的特殊性构建模型。笔者在经典的内生增长模型基础上，考虑了不同受教育水平工人在经济增长中的作用，并提出发展中国家的技术进步将服从先快后慢的自然规律。我们构建了三个此类的模型，其中两个是考虑劳动力主导研发的技术进步模型，另外一个是考虑不同受教育水平的工人和不同机器匹配生产的经济增长模型。这些模型为研究发展中国家的经济增长和不同受教育水平工人的工资和就业提供了基本的框架。这三个模型可以准确、清晰地阐述发展中国家技术进步与大学毕业生就业的逻辑关系，为我们理解中国的经济增长夯实理论基础。

（2）明确大学毕业生就业与中间产品带动技术进步的关系。我们的三个数理模型都表明，技术进步有利于大学毕业生就业。三个模型分别是：①在 Barro 和 Sala－i－Martin（1995）的中间产品质量升级的内生增长理论基础上，笔者考虑了受教育水平高的工人操作高级机器，而受教育水平低的工人操作一般机器，同时加入发展中国家技术引进先快后慢的天然规律，最终得到均衡增长路径下的增长率。在均衡增长路径下，分析发展中国家技术进步与大学毕业生就业的关系。研究表明，中间产品质量升级的技术进步有利于大学毕业生就业。②在 Barro 和 Sala－i－Martin（1995）的中间产品质量升级的内生增长理论基础上，我们提出在中间产品的研发上，大学毕业生人力的投入作用远远大于资本的作用。所以，我们把研发中的投入设为大学毕业生的数量，而不是资本。在均衡增长路径下，我们得到经济增长率。在考虑发展中国家的技术引进将服从先快后慢的规律后，我们发现中间产品质量升级的技术进步有利于大学毕业生就业。③在 Acemoglu 和 Fabrizio（2001）的中间产品种类递增内生增长理论的基础上，我们提出，投入大学毕业生的人数决定了研发成功的概率，而不是资本。在此假设下，我们在均衡增长路径下求得经济增长率方程。考虑到发展中国家技术引进服从先快后慢的规律，模型表明中间产品种类增加的技术进步有利于大学毕业生就业。

（3）探讨社会资本与大学毕业生就业和工资的关系。论文利用笔者调查的微观数据分析了影响大学毕业生就业的因素，得到了一些新的结论。①我们发现社会资本，如父母的职务将有助于应届大学毕业生就业，而且能够使其获得高工资。父母的职务越高，其可操作的资源就越丰富，可以通过自己的社会关系帮助子女获得工作机会和高工资。父母的职务越高，其社会关系也越广泛，他们的子女获得的招聘信息越多，子女就业的可能性就越大。职务越高的父母还可以通过传授子女一些非书本知识，如与人沟通的技巧，提高子女的能力，也能帮助子女就业。②我们发现，来自城镇的应届大学毕业生较来自乡村的应届大学毕业生就业率高。这是由于来自城镇的应届大学毕业生可以通过自己在城镇的社会关系获得招聘信息、工作推荐，而来自乡村的应届大学毕业生则没有这些有利条件，所以两者在就业中存在差异。

（4）明确中国经济增长放缓的内因，并提出了防止经济放缓的政策。从发达国家引进技术是中国等发展中国家经济高速增长的原动力，但是随着发展中国家与发达国家技术水平差距的缩小，发展中国家从发达国家引进技术越来越困难。这必然导致发展中国家经济增长逐渐放缓。无论技术引进还是技术创新，人才都是其中的关键因素，欲抑制经济放缓的速度，我国应当充分发挥中国的人才优势，想方设法调动科研人员的积极性，宽容失败，鼓励创新。这样我国才能从山寨大国转型为创新大国。需要指出的是，科学研究有其内在规律，不宜搞运动式创新。我们可以鼓励高校教师、科研人员投入到市场经济大潮中来，为此，我们要实行更加灵活的人事管理制度，给他们下海的机会，也给他们呛水的保护措施。同时政府应当尽量避免干预企业的微观管理，而应当着力建立一个公平的市场环境，扮演好守夜人的角色。只要建立一个公平、公正、守法的市场环境，中国的科研人员必将展现出他们巨大的创造力，使中国经济步入创新推动的康庄大道。

（5）实施两次微观数据调查，帮助笔者做出实事求是的判断。2009 年 5 月、2011 年 5 月笔者和其学术伙伴两次调查应届大学毕业生就业，分别获得 202 个、1751 个样本。调查所使用的问卷系参考麦可思研究院，并根据研究要求删减和添加相应的调查问题，我们邀请经济学、统计学专家和统计局专家参与问卷的设计。调查问卷经过构建问卷框架、提出问题、修订、试测、再次修订五个步骤，

最终定稿。

二、不足

（1）未能考虑取代劳动的技术进步。很多技术都是用机器替代人进行劳动，从而减少了对工人的需求，如用大型运输车替代人搬运土方。但是我们也注意到，被机器替代的工人基本上都是受教育水平较低的工人。由于我们模型生产函数的设置，我们求得的受教育水平较低的工人的需求曲线是一条水平线，我们认为用之来研究受教育水平较低工人的需求是不合适的，欲同时研究受教育水平较高的工人和受教育水平较低工人的需求则需要重新设置生产函数或对模型的框架进行革命性的改造。笔者受能力的限制，暂时无法在此方面取得突破，但是我们愿意对此做进一步研究。值得庆幸的是，我们关注的焦点是大学毕业生的就业，而这种生产函数和经典框架（Barro 和 Sala - i - Martin，1995；Acemoglu 和 Fabrizio，2001）并不影响研究大学毕业生的需求。此外，我们注意到那些替代劳动中间产品（如大型运输土方的车辆）虽然使受教育水平低的工人失业，但是却可以增加生产这些中间产品的劳动的需求，而这些劳动者通常都是受教育水平较高的工人。由于机器的出现，受教育水平低的工人失业，但是同时市场上可以增加受教育水平高的劳动者需求，两者综合考虑，机器的出现是改善整个劳动力市场的就业还是使就业恶化是不确定的。但是从历史的角度看，人类在不断地用机器替代人的劳动，而全世界的人口增长迅速，但是失业率并没有飙升。这说明，新机器的出现不仅没有使劳动力市场提供的就业机会减少，而是使其提供的就业岗位增加。所以我们认为，新机器的产生通常增加整个市场对劳动力的需求，特别是高素质劳动力的需求。

（2）模型未能同时考虑中间产品质量升级和种类上升的技术进步，这的确是模型的一个遗憾之处。在三个模型中，我们只考虑了中间质量升级或种类增加的技术进步，但是模型已经非常复杂，在数学求解上遇到很多障碍，这令我们不得不增加一些非常严格的假设。如果同时考虑中间产品质量升级和种类增加，则求解将更加困难，甚至无法求解。我们也注意到钟春平和徐长生（2011）的研究成果，此方向可以作为我们进一步研究的内容。

（3）技术进步的测度有待提高。在我们的计量模型中，我们使用发明型专利授权数来度量技术进步，这是非常不准确的。根据我们的模型，度量技术进步的最佳指标为中间产品的质量和种类数量。中间产品的质量虽有高低之分，但是欲区别中间产品在最终产品生产中的效率高低也极其困难。如果试图把全中国正在使用的中间产品全部囊括，并用之构建一个衡量总科技水平的指数，则需要更加精细、巧妙的设计，限于笔者的能力，我们没能设计一个这样的指标。中国产品的种类多寡亦极难统计。首先，明确中国总的产品种类就非常难以操作。其次，如果尝试明确一种产品是否能作为中间产品被其他企业使用，则需要百科全书式的人物或超大规模的网络探究，这是笔者和团队暂时无法完成的任务，我们对此表示遗憾。

第二章　中国应届大学毕业生就业现状

本章将利用麦可思公司中国大学毕业生就业调查、笔者2009年和2011年两次大学毕业生就业调查数据分析中国当前应届大学毕业生就业现状，本章诸多内容来自秦永（2010）[①] 的论文，恕不一一注明。

国内对全国应届大学毕业生就业调查最为权威的数据是麦可思公司调查的全国范围内的数据。麦可思公司自2007年以来，每年都对毕业半年后大学生的就业状态和工作能力进行全国性的调查研究。每年回收的问卷数量为20万~30万份，覆盖各级、各地区、各行业，是中国迄今为止最为权威的大学生调查数据。

笔者及其团队于2011年5月中旬对南京市6所高校大学毕业生就业状况做了问卷调查。我们根据在宁各个层次高校的数量采用分层抽样的方法，从23所本科以上高校中选择985高校1所，211高校2所，一般院校3所，共6所高校。学校属性涉及综合类、工科类、农林类、师范类和财经类等5类，这6所高校涉及大部分在宁高校类型。大致按各个学校毕业生人数9%的比例发放问卷，以现场发放和当场填写的方式发放，共计2000份调查问卷，收回有效问卷1751份，回收比率为87.55%。调查所使用的问卷系参考麦可思研究院和笔者及其学术伙伴2009年的调查问卷，并根据研究要求删减和添加相应的调查问题，我们邀请了经济学、统计学专家和统计局专家参与问卷的设计。调查问卷经过构建问卷框架、提出问题、修订、测试、再次修订五个步骤最终定稿。调查问卷包括求职情况、个体特征、家庭背景三个方面共22个问题。其中，求职情况包括工资、就业单位的性质、求职方式、求职时间等内容；个体特征包括性别、是否党员、原户籍性质、是否独生子女、学习成绩、个人相貌等因素；家庭背景包括父母的最高职务、最高学历等问题。样本中男女的性别比例为1∶2.3。约40%的学生原户籍为农业户口。党员所占的比例为40%左右。独生子女比例约为51%。

2009年5月中旬，笔者在南京市某二类本科高校大四学生中进行了有关就业

① 秦永．大学毕业生就业现状．经济研究导刊，2010（32）．

的问卷调查。我们利用随机抽样的方法发出问卷300份，收回问卷251份，剔除其中回答前后矛盾及填涂不完整问卷之后，获得样本202个。调查问卷内容与2011年的调查内容类似。

下面我们将根据这些调查的数据总结当前中国大学毕业生就业特点，以期给出中国大学毕业生就业的前景，具体包括就业、工资、专业对口率、城乡差异、性别特点、求职方式、获聘单位性质等方面。

第一节　就业和失业

一、就业

从麦可思的数据来看，中国的大学毕业生就业率大致为88%，是较高的，如图2－1所示。其中本科院校4年平均就业率为88%，这要归因于中国经济近些年的高速增长，由于经济的高速增长，市场提供了很多可供大学毕业生就业的工作岗位。

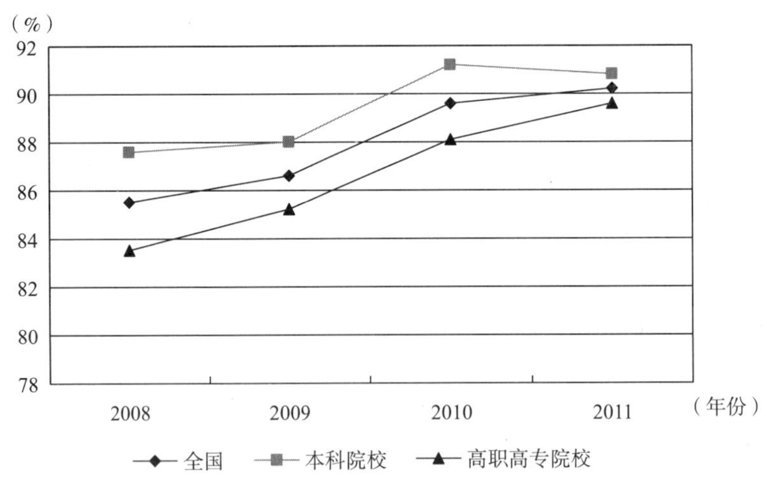

图2－1　应届大学毕业生就业率

资料来源：麦可思研究院《2011年中国大学生就业报告》和《2012年中国大学生就业报告》。

高职高专院校4年的平均就业率为86.6%，即本科生的就业率比专科的就业率大致高1个百分点。这一结果显然有别于某些媒体上报道的高职高专院校的学生就业率更高的观点。媒体曾经报道过大学毕业生回炉去技校的新闻，认为中国的高等教育过剩，而职业学校毕业生缺乏。但是麦可思的数据表明，事实正好相反，职业教育相对于高等教育更加过剩。当然我们不排除由于结构的不合理，部分高等教育的专业比某些职业教育的专业更加过剩，这也是高等教育需要追随市场进行调整的动力，但是绝不能被误读为，高等教育过剩职业教育不足，并随之出台错误的教育政策。

我们独立调查的江苏省应届大学毕业生就业状况表明，就业形势谨慎乐观。笔者于2011年5月对南京市6所高校进行的应届大学毕业生就业调查表明，大学毕业生的就业率约为75%，笔者于2009年5月调查南京某高校大学毕业生就业率为70%左右。考虑到大学毕业生统计就业率的截止时间为每年12月，大学毕业生的就业率应当非常高。由于麦可思的数据即为应届大学生毕业半年之后的数据，所以两者的数据有一定差异颇为正常，但两者都说明中国应届大学毕业生就业状况有过好转。我们的调查数据表明，江苏省大学毕业生的就业形势依然较好，这主要归因于江苏省较高的经济增长率。但是考虑到调查所在地为南京市，大部分非省会城市高校学生的就业率可能较低。由于江苏省对外贸的依存度较高，其经济深受2008年全球金融危机拖累，但大学毕业生的就业率几乎没有受金融危机的不利影响，这说明江苏省大学毕业生的就业形势仍然较为乐观。每位大学毕业生平均有两个岗位可以选择，因为最终每个人只能选择一份工作，多余的工作岗位反映了企业对大学毕业生旺盛的需求，同时也增加了还未成功求职大学毕业生的就业概率，同时也说明当前劳动力市场对大学毕业生的需求仍然很旺盛。

二、失业

中国多年平均失业率为10%左右，高职高专院校失业率高于本科院校，但是失业率在不断下降，并且两者的失业率趋同，如图2-2所示。但是考虑到中国每年应届大学毕业生人数大致都在580万人左右，10%的失业率意味着58万名应届大学毕业生失业，多年累积下来更是一个惊人的数字。这些高素质的人群是中国未来经济发展的原动力，理应受到媒体的关注。

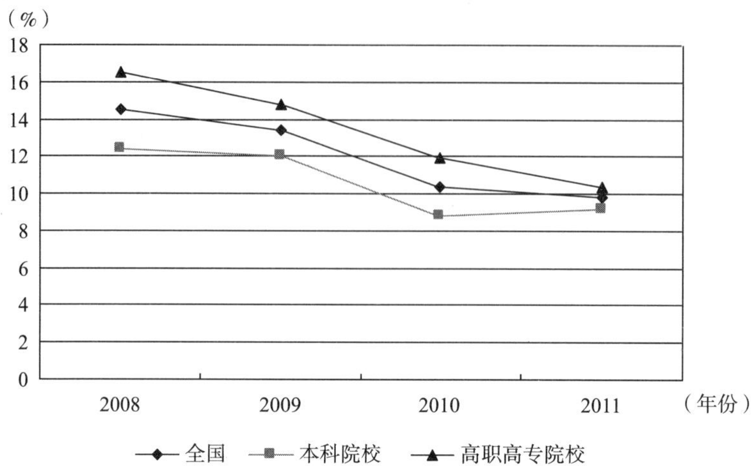

图 2-2　应届大学毕业生半年后失业率

资料来源：麦可思研究院《2011 年中国大学生就业报告》《2012 年中国大学生就业报告》。

第二节　低工资

麦可思研究院的数据表明，半年后应届大学毕业生的工资平均为 2300 元左右，如图 2-3 所示。其中，本科院校毕业生工资平均为 2600 元左右，高职高专院校平均为 2040 元左右，本科院校毕业生比高职高专院校毕业生高约 27%，差距显著。本科中收入最高的三个专业门类是经济学、工学和理学，收入最低的三个专业门类是教育学、历史学和农学。从用人单位的角度看，收入排序为三资企业、国有企业、民营企业/个体、政府机构/科研机构、NGO。三资企业仍然是毕业生的首选，而国有企业由于工资的上涨也日益受到毕业生的青睐。

2011 年，南京市 6 所高校毕业生的平均工资为 3218 元，期望工资为 3878 元，实际工资为期望工资的 83%。2009 年，南京市某高校的调查数据表明，就业大学毕业生的平均工资为 2392 元，就业大学毕业生的期望工资平均值为 2928 元，故大学毕业生的实际工资与期望工资的比值为 82%。从工资角度看，南京高校毕业生的学生工资高于全国水平，其原因应当是江苏省的学生大部分都在本省工作，而江苏省的经济比较发达，工资较高。

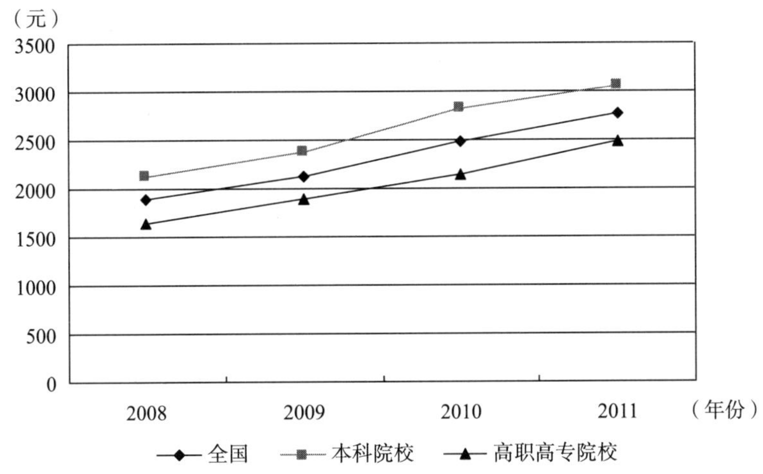

图 2－3　中国应届大学毕业生半年后月工资

资料来源：麦可思研究院《2011 年中国大学生就业报告》《2012 年中国大学生就业报告》。

南京市 6 所高校 2011 年的数据表明，工资最高的单位为党政机构（3833 元），最低的为事业单位（3021 元）。2009 年，大学毕业生工资最高的行业为党政机构，最低的为民营企业，党政机构的平均工资比民营企业工资高 51% 左右。可见，党政机构工资一直较高。由于这些机构还有一些隐性收入，如集资建房、高额的住房公积金等，党政机构的工资与其他类型的单位工资差距将会进一步拉大。

在平均工资的排名中处于第二位的是外资企业，笔者独立调查的 2011 年和 2009 年外资企业平均工资分别为 3694 元和 2833 元，比民营企业平均工资分别高约 22% 和 45%。这表示外资企业给出的薪水相对较高，但是无论 2011 年还是 2009 年的数据，都表明和党政机构相比，外资企业平均工资低 5% 左右。从改革开放初期外资企业的绝对高薪到现在的相对高薪，外资企业职工的相对工资已经明显降低，然而，它仍是大学毕业生非常好的选择。

笔者独立调查的数据表明，2011 年和 2009 年仍未就业的全体大学毕业生的期望工资分别为 3538 元、2661 元。这说明仍未就业的大学毕业生期望工资较低。根据经济学理论，个人能力较低的人对自己的工资期望值也较低，即较低的期望工资反映个人能力的不足。江苏省 2009 年在岗职工平均工资为 2990 元，这说明大学毕业生工资很低。由于当前大学教育的投资较高，已经毕业的学生必然面临收回教育投资的压力，但是其工资却显然不能满足此需要。因而提高大学毕业生工资是另一个亟待解决的问题。

第三节　专业对口率

专业是否对口关系到个人在大学积累的人力资本是否有价值的问题。如果个人在大学期间学习的专业知识在工作中没有发挥太大的作用，那么其积累的很多人力资本就被浪费。如果其人力资本被浪费，则意味着工人在匹配过程中产生效率损失，对中国的经济增长不利。麦可思的数据（见图 2－4）表明，全国大学毕业生专业对口率为 64% 左右，即大约有 36% 的人口专业是不对口的。这说明我们国家的高等教育资源有很大一部分被浪费了。

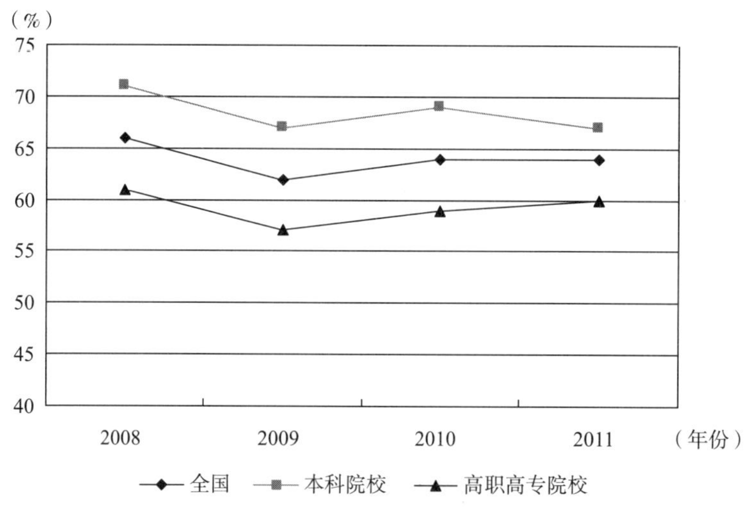

图 2－4　应届大学毕业生专业对口率

资料来源：麦可思研究院《2011 年中国大学生就业报告》《2012 年中国大学生就业报告》。

我们于 2011 年对南京市调查的数据表明，专业对口率为 86% 左右，说明江苏省应届大学毕业生的工作大部分与自己专业对口。与自己专业完全不相关的大致有 14%，这些人中一定有一部分学生是由于对自己的专业没有兴趣而改行，其中也必然有愿意在本专业工作却没能找到合适岗位的人。

研究是哪些人专业对口、哪些人专业不对口，是一个非常有趣的问题。探讨造成专业不对口的原因是我们可以进一步研究的方向。

第四节 城乡和性别差异

一、城乡差异

农村背景的学生工资低，而城市背景的学生工资高。麦可思研究院对2008年不同社会阶层的应届大学毕业生工资的调查表明，来自城市的学生工资高于来自农村的学生。2011年南京市的调查数据也表明，应届大学毕业生中来自城市的学生平均工资为3335元，农业户口的学生平均工资为3118元。城市背景的学生期望工资为4007元，来自农村的学生期望工资为3754元。从中可以看出，来自城市的学生比来自农村的学生工资高约7%，而期望工资高约6.7%。2009年南京市某高校的调查数据表明，来自农村的大学毕业生由于各种原因，在就业中处于不利地位。原户籍为农业户口的大学毕业生的平均工资为2140元，原户籍为非农业户口的大学毕业生的平均工资为2533元，即城市户口的大学毕业生比农业户口的大学毕业生工资高约18%。从期望工资的角度看，原籍为城市户口的大学毕业生比原籍为农业户口的大学毕业生高20%。因而无论是从全国还是从江苏省的数据来看，城市的应届大学毕业生在工资上都存在一些优势，但是2011年的数据与2009年的数据相比，其优势在下降。

来自农村的应届大学毕业生较来自城市的应届大学毕业生就业率低。我们调查的2011年数据表明，城市的大学毕业生就业率为75%，农村的为73%，城市背景的应届大学毕业生就业率较农村背景的应届大学毕业生高，但是优势并不明显。2009年南京市的数据中，城市户口的大学毕业生比农业户口的大学毕业生就业率高12%左右，差距显著。

二、性别差异

应届男性大学毕业生的就业率显著高于应届女性大学毕业生。2011年，南京市6所高校中，应届男性大学毕业生就业率高于应届女性大学毕业生11%。2009年，南京市某高校的数据也给出了类似的答案：男性大学毕业生就业率较女性大学毕业生高出12个百分点。但是麦可思研究院2008年的应届大学毕业生就业率数据发现，男女之间几乎没有差异，其中本科应届男性、女性大学毕业生就业率均为88%，高职高专应届男性大学毕业生就业率为85%，女性为84%。

应届男性大学毕业生的工资较应届女性大学毕业生高。麦可思研究院的公开出版物仅有的2008年应届大学毕业生就业数据中，应届男性本科大学毕业生平均工资为2249元，应届女性本科大学毕业生平均工资为1988元，男性毕业生工资比女性毕业生高约13%，差距显著。在高职、高专毕业生中，应届男性大学毕业生平均工资为1774元，应届女性大学毕业生平均工资为1480元，应届男性大学毕业生较应届女性大学毕业生高约20%，差距更加明显。需要指出的是，麦可思同时调查了男性和女性离校时掌握的工作能力，应届男性本科大学毕业生的能力较应届女性本科大学毕业生高约4%，而高职、高专毕业生中，应届男性大学毕业生能力高约7%，能力的差异或可解释一部分工资差异，但是我们不认为两者的工资区别可以完全归因于能力高低。2011年，南京市6所高校的数据表明，应届男性大学毕业生平均工资为3438元，而应届女性大学毕业生平均工资为2945元，前者是后者的1.17倍，差距巨大。我们调查的2009年南京市某高校的数据显示，应届男性大学毕业生平均工资为2552元，应届女性大学毕业生平均工资为2280元，即应届男性大学毕业生工资比应届女性大学毕业生工资高12%，相差悬殊。

应届男性大学毕业生的期望工资显著高于应届女性大学毕业生。2011年的数据说明，已就业的应届男性大学毕业生期望工资为4083元，已就业的应届女性大学毕业生期望工资为3563元，男性比女性高约15%，差距巨大。应届男性、女性大学毕业生的就业工资和期望工资的比值分别为84%、83%。2009年，南京市某高校的数据结论大致相似，已就业的应届男性大学毕业生的期望工资为2931元，已就业的应届女性大学毕业生的期望工资为2927元，两者的期望工资基本相同。应届男性大学毕业生和应届女性大学毕业生的实际工资与期望工资的比例分别为87%、78%，男性大学毕业生的期望工资和实际工资更加接近，而女性大学毕业生的实际工资和期望工资的差异更大。

第五节　求职方式和就职单位性质

一、求职方式

麦可思研究院把初次求职成功的渠道分为本大学的招聘、通过朋友和亲戚得到招聘信息、专业求职网站、政府或其他大学组织的招聘活动、直接向用人单位申请、通过媒体看到招聘信息、学校直接介绍工作、实习、其他 9 种方式。其中，初次求职成功的方法主要有三种——本大学的招聘、通过朋友和亲戚得到招聘信息、专业求职网站。2010 年，应届大学毕业生初次成功求职者三种方法所占比例为 61%。

网上求职是当前大学毕业生利用最多的求职方式。我们的调查把大学毕业生的求职方式分成校外招聘会、亲友介绍、自己创业、网络投简历、单位到校园招聘、考公务员 6 种情况。

2011 年南京市 6 所高校的数据中。成功求职最多的三种方式为单位到校园招聘、网络投简历、校外招聘会。其中，通过单位在校园招聘、网络投简历、校外招聘会获得工作岗位的比例分别为 43%、30%、18%。值得注意的是，部分学生同时找到数份工作，因而求职的数据存在部分重叠。笔者 2009 年的调查数据显示，网络投递简历是大学毕业生使用最多的求职方式，使用人数最少的求职方式是创业。在已经求职成功的大学毕业生中，有 30% 以上的人是通过网上投递简历成功求职的。网络投递简历在不同性质的单位中都存在，比例最多的是国有企业，为 58%。在已经成功求职的大学毕业生中，约有 25% 的人是通过亲友介绍成功求职的。亲友构成的关系网可以理解为个人的社会资本，利用自己或家人的社会资本求职也是一条重要途径。亲友介绍的工作主要集中在事业单位、国有企业和民营企业，三者所占比例大致相等。通过校内招聘和校外招聘成功求职的大学毕业生基本相当，各自占成功求职人数的 15% 左右。校内、校外招聘会更有针对性，也体现了企业对人才的重视。通过校内和校外招聘会求职的大学毕业生主要集中在国有企业和民营企业，也有部分事业单位。由于经验和创意不足及资金的短缺，大学毕业生通过创业就业的人很少。创业要求大学毕业生有足够的资金、相当的经验以及创意，具备三者之一的人本是大学毕业生中的少数，同时具备三个条件的人更是凤毛麟角。但是通过创业就业无疑是一种非常好的就业方式，它不仅可以帮助创业者本人就业，而且其投资可创造新的就业机会。总之，调查数据说明网上求职是当前求职的主要方式，同时采用多种求职方式更加有利于大学毕业生就业。

二、就职单位性质

民营和个体成为应届大学毕业生就业的主体。麦可思研究院的数据表明，在民营和个体企业就业的应届大学毕业生数量之和分别占 2010 年和 2011 年毕业生总人数的51%、56%。这表明民营资本提供的工作岗位占总岗位的半壁江山，并成为推动解决大学毕业生就业问题的绝对主体。我们也注意到，民营企业虽然提供绝对多数的工作岗位，但是其工资较三资企业、国有企业低。

我们于 2011 年调查的南京市 6 所高校的数据表明，民营企业、国有及控股企业提供的工作岗位分别占总就业人数的 38% 和 37%。民营企业在提供工作岗位上的重要作用显而易见。2009 年南京市某高校的数据显示，民营企业、国有及控股企业提供的工作岗位分别占25%、39%。民营企业对应届大学毕业生就业的重要作用也是不容忽视的。

第三章　中间产品质量升级与大学毕业生就业模型

中间产品质量升级是技术进步的两个实现方式之一。本章将首先建立两个中间产品质量升级与大学毕业生就业的数理模型，之后利用数值模拟对数理模型的结论进行验证。

在第一个模型中，劳动成为推动中间产品质量升级的关键投入要素。此部分提出一个革新的内生增长模型，以研究发展中国家的技术引进与大学毕业生就业之间的关系。基于 Barro 和 Sala – i – Martin（1995）的模型，我们引入发展中国家技术模仿和创新的难度随着与发达国家的差距缩小而增大的假设，同时认为是熟练工人（即大学毕业生）而不是资本对研发有决定性作用。研究结果发现，技术进步有利于增加市场对大学毕业生的需求，大学毕业生就业人数增加；发展中国家最初由于技术引进成本较低，经济增长较快，但是随着技术引进成本的上升，只有更多的大学毕业生才能使经济保持长期、持续、高速的增长，且需要维持的大学毕业生增长率不断下降；同时，大学毕业生和非大学毕业生的工资差距将先扩大、后收窄，与库兹涅茨曲线形状相同。

在第二个模型中，我们假设资本投入是推动技术进步的关键生产要素。基于 Barro 和 Sala – i – Martin（1995）的模型，我们把工人分成大学毕业生和非大学毕业生两种，不同的劳动者与不同质量的中间产品相匹配生产最终产品，之后用模型探讨发展中国家经济增长的特征以及大学毕业生和非大学毕业生的工资差距和就业。纯理论模型的结果显示，技术进步将大大推动大学毕业生就业的改善，但是随着其技术水平与发达国家差距的缩小，技术进步对改善大学毕业生就业的作用不断降低；发展中国家可以通过模仿发达国家成熟的技术快速进步，经济增长速度将高于发达国家，但最终增长速度将下降到发达国家同一水平；而两种劳动力的工资差距将随着经济增长而缩小。

之后，我们利用现实数据对模型的解释能力进行检验。我们首先利用现实数据对模型中的参数进行校准。在得到参数的值后，我们对模型的解释力进行检验。检验发现，我们的模型能很好地拟合现实数据，因此模型具有较强的解释力。

第一节　劳动推动的中间产品质量升级与大学毕业生就业

一、经济增长模型

我们设有 N 种中间产品，企业雇用大学毕业生进行研发从而提高中间产品的科技水平。当新中间产品出现时，旧中间产品被淘汰，即熊彼得的“毁灭性创新”过程，通过不断地研发整个经济持续、长期的增长。

（一）生产过程

本模型是建立在 Aghion 和 Howiit（1992）与 Barro 和 Sala - i - Martin（1995）的基础之上，考虑了不同水平的劳动力和不同科技水平的中间产品。其中，非大学毕业生负责最终产品的生产；大学毕业生负责研发，以开发出更高水平的中间产品。

在本模型中，我们采用了 Spence（1976）、Dixit 和 Stiglitz（1977）、Ethier（1982）和 Romer（1987，1990）的对于企业 i 的最终产品方程

$$Y_i = AL_i^{1-\alpha}\sum_{j=1}^{N}(\tilde{X}_{ij})^{\alpha} \qquad (3-1)$$

其中，L_i 为企业 i 雇用的非大学毕业生数量，$0<\alpha<1$，$\tilde{X}_{ij}$ 表示经过科技水平调整后的企业 i 投入的中间产品 j 的数量，A 表示生产率。设产品是按照一定的产品科技水平阶梯进行升级的。设不同科技水平的中间产品构成一个等比数列，其比值为 $q>1$，且它为中间产品科技水平的度量指标。

我们设每种中间产品都从 1 开始升级，不同中间产品科技水平指标为 q，q^2，q^3，…，q^{κ_j}，其中 κ_j 代表科技水平。我们假设科技水平最高的中间产品会淘汰科技水平较低的中间产品，那么对于不同的中间产品，市场上就只能存在一种科技水平最高的中间产品。

新的最终产品方程为

$$Y_i = AL_i^{1-\alpha}\sum_{j=1}^{N}(q^{\kappa_j}X_{ij\kappa_j})^{\alpha} \tag{3-2}$$

其中，L_i 表示第 i 个企业雇用的非大学毕业生数量，设中间产品的价格为 $P_{j\kappa_j}$，设非大学毕业生和大学毕业生的工资分别为 w_L 和 w_H。

根据企业利润最大化的条件和生产中间产品的企业是垄断企业的假设，我们可以求得各种中间产品的价格都相同，为 $1/\alpha$，且不随时间变化。因此各种中间产品的需求量为

$$X_{j\kappa_j} = LA^{1/(1-\alpha)}\alpha^{2/(1-\alpha)}(q)^{\kappa_j\alpha/(1-\alpha)} \tag{3-3}$$

全部中间产品需求加总，得

$$X = \alpha^{2/(1-\alpha)}A^{1/(1-\alpha)}L\sum_j q^{\kappa_j\alpha/(1-\alpha)} \tag{3-4}$$

把式（3-3）代入式（3-2）并对全部企业求和可得总产出方程

$$Y = \alpha^{2\alpha/(1-\alpha)}A^{1/(1-\alpha)}L\sum_j q^{\kappa_j\alpha/(1-\alpha)} \tag{3-5}$$

由式（3-5）可以看出 Y 的增长由 κ_j 决定。设

$$Q \equiv \sum_j q^{\kappa_j\alpha/(1-\alpha)} \tag{3-6}$$

则 Q 代表科技水平上升速度，我们把 Q 称为总科技水平指数。

把式（3-6）代入式（3-5），总产出 Y 为

$$Y = \alpha^{2\alpha/(1-\alpha)}A^{1/(1-\alpha)}LQ \tag{3-7}$$

（二）研发过程

1. 垄断利润

如果企业在某一种中间产品上进行创新，那么这种中间产品的科技水平阶梯就从 q^{κ_j-1} 上升到 q^{κ_j}。中间产品的价格为 $P=1/\alpha$，而产量由式（3-3）决定，则发明某种中间产品企业的利润流方程为

$$\pi_{j\kappa_j} = LA^{1/(1-\alpha)}\left(\frac{1-\alpha}{\alpha}\right)\alpha^{2/(1-\alpha)}q^{\kappa_j\alpha/(1-\alpha)} \tag{3-8}$$

创新企业的利润流将从发明这种科技水平的中间产品的时刻 t_{κ_j} 开始，直到某一个企业发明科技水平更高的中间产品时间 t_{κ_j+1} 为止。所以，科技水平为 κ_j 的中间产品在市场上存在的时间为 $T_{\kappa_j} = t_{\kappa_j+1} - t_{\kappa_j}$。

如果利率是常数，那么发明科技水平为 κ_j 的中间产品企业利润现值为

$$V_{j\kappa_j} = \pi_{j\kappa_j}[1 - \exp(-rT_{j\kappa_j})]/r \tag{3-9}$$

2. 垄断时间

第一，设 H_j 表示投入到第 j 种中间产品研发的大学毕业生数量，这个数量可以是一个企业投入，也可以是多个企业同时的全部投入。第二，设 $p_{j\kappa_j}$ 为每单位时间研发成功的概率。H_j 和 $p_{j\kappa_j}$ 满足如下方程

$$p_{j\kappa_j} = H_j\phi(\kappa_j) \tag{3-10}$$

其中，$\phi(\kappa_j)$ 为与科技水平相关，表示研发困难程度的函数。设一个中间产品的科技水平越高投入同样的人力研发成功的概率越低，即 $\phi'(\kappa_j) < 0$。从式（3-10）可以看出，在同等科技水平下，投入的大学毕业生越多研发成功的概率越大。

设 $G(\tau)$ 为垄断时间 $T_{j\kappa_j}$ 的分布函数，则 $G'(\tau)$ 必满足以下条件

$$\mathrm{d}G/\mathrm{d}\tau = [1 - G(\tau)]p_{j\kappa_j} \tag{3-11}$$

设 $p_{j\kappa_j}$ 在时间 $T_{j\kappa_j}$ 内是常数。根据 $G(0) = 0$ 的初始条件，可以求解常微分式（3-11），得 $G(\tau) = 1 - \exp(-p_{j\kappa_j}\tau)$，则垄断时间 $T_{j\kappa_j}$ 的概率密度方程为

$$g(\tau) = G'(\tau) = p_{j\kappa_j}\exp(-p_{j\kappa_j}\tau) \tag{3-12}$$

则发明科技水平为 κ_j 的中间产品 j 的垄断企业的期望收益为

$$E(V_{j\kappa_j}) = LA^{1/(1-\alpha)}\left(\frac{1-\alpha}{\alpha}\right)\alpha^{2/(1-\alpha)}[q^{\kappa_j\alpha/(1-\alpha)}]/(r + p_{j\kappa_j}) \tag{3-13}$$

3. 研究投入的决定

当科技水平为 κ_j 时，科技水平为 $\kappa_j + 1$ 的中间产品单位时间研发成功的概率为 $p_{j\kappa_j}$。对于追求科技水平为 $\kappa_j + 1$ 的中间产品研发的单位时间收益为 $p_{j\kappa_j}E(V_{j,\kappa_j+1})$。所以对科技水平为 $\kappa_j + 1$ 的中间产品研发的期望净收益流为 $p_{j\kappa_j}E(V_{j,\kappa_j+1}) - H_jw_H$。在均衡增长路径下，各种中间产品研发成功的概率必然相等，即 $p = p_{j\kappa_j}$ 为一定值。新中间产品研发市场的无套利条件表明：$p_{j\kappa_j}E(V_{j,\kappa_j+1}) - H_jw_H = 0$，则

$$H_j = \frac{pE(V_{j,\kappa_j+1})}{w_H} \tag{3-14}$$

把全部企业对大学毕业生的需求加总，即把式（3-14）加总，并整理得到大学毕业生的均衡工资

$$w_H = \frac{p\sum_j E(V_{j,\kappa_j+1})}{H} \tag{3-15}$$

联立式（3－10）、式（3－13）和式（3－15），得

$$\phi(\kappa_j) = \frac{p}{H}\frac{Q}{q^{\kappa_j\alpha/(1-\alpha)}} \tag{3-16}$$

在均衡增长路径下，各种中间产品研发成功的概率必然相等，欲使每种中间产品研发成功的概率相同，必令

$$\phi(\kappa_j) = \frac{1}{\zeta}\frac{Q}{q^{\kappa_j\alpha/(1-\alpha)}} \tag{3-17}$$

其中，ζ 为由制度、文化等决定的研发交易成本，需要说明的是在发展中国家，我们把它看成是从发达国家引进技术的成本。

把 $\phi(\kappa_j)$ 的表达式代入方程（3－15）可得各种中间产品研发成功的概率为

$$p = \frac{H}{\zeta} \tag{3-18}$$

这说明大学毕业生的人数越多，研发成功的概率越大。研发交易成本越高，研发成功的概率越低。

（三）总科技水平指数

由 Y、X 表达式可以看出：$\gamma_Y = \gamma_X = \gamma_Q$，即总产出、总中间产品的增长率都等于 Q 的增长率。

因为 $Q \equiv \sum_j q^{\kappa_j\alpha/(1-\alpha)}$，在第 j 种中间产品中，如果没有研发，$q^{\kappa_j\alpha/(1-\alpha)}$ 不会变化，如果有新的中间产品研发成功，Q 就上升到 $q^{(\kappa_j+1)\alpha/(1-\alpha)}$，单位时间研发成功的概率为式（3－18）。则每单位时间 Q 的期望变化率为

$$\gamma_Q = p[q^{\alpha/(1-\alpha)} - 1] = \frac{H}{\zeta}[q^{\alpha/(1-\alpha)} - 1] \tag{3-19}$$

由于 $\gamma_Y = \gamma_X = \gamma_Q$，总产出、总中间产品的增长率都为 $\frac{H}{\zeta}[q^{\alpha/(1-\alpha)} - 1]$。

在考虑总的非大学毕业生人口增长率 n_L 的情况下，总产出和总中间产品的增长率为

$$\gamma_Y = \gamma_X = \frac{H}{\zeta}[q^{\alpha/(1-\alpha)} - 1] + n_L \tag{3-20}$$

（四）家户

在这个模型中，我们根据拉姆齐模型设家户的效用函数为

$$U = \int_0^{\infty} \frac{c^{1-\theta} - 1}{1 - \theta} e^{-\rho t} dt \tag{3-21}$$

其中，c 代表家户内部的人均消费，ρ 代表时间偏好，θ 为表示偏好平滑消费的程度。

则家户的人均消费的增长路径为

$$\gamma_C = (1/\theta)(r - \rho) + n \tag{3-22}$$

其中，n 为总人口的增长率。

经济中的总资源约束为

$$C = Y - X \tag{3-23}$$

由于 Y、X 都将以相等的增长率增长，必有 $\gamma_C = \gamma_Y$，可以得到均衡增长路径下的利率为

$$r = \rho + \theta\left\{\frac{H}{\zeta}[q^{\alpha/(1-\alpha)} - 1] + n_L - n\right\} \tag{3-24}$$

则均衡增长路径下的增长率为

$$\gamma = \frac{H}{\zeta}[q^{\alpha/(1-\alpha)} - 1] + n_L \tag{3-25}$$

把经济增长率的式（3－25）对时间 t 求导，得

$$\frac{\partial \gamma}{\partial t} = [q^{\alpha/(1-\alpha)} - 1]\frac{\dot{H}\zeta - H\dot{\zeta}}{\zeta^2} + \dot{n}_L \tag{3-26}$$

根据式（3－25）和式（3－26），可得命题3.1。

命题3.1 经济增长将受大学毕业生人数（H）、研发交易成本（ζ）和非大学毕业生人数增长率（n_L）的影响。大学毕业生人数（H）越多，经济增长越快；研发交易成本（ζ）越高，经济增长越慢；非大学毕业生人数增长越快，经济增长越快。如果大学毕业生人数（H）的增长率大于研发交易成本（ζ）的增长率则经济增长加速；反之放缓。

这是因为，大学毕业生越多，则参与研发的工人越多，研发成功的概率越大，技术进步越迅速，经济增长越快；研发交易成本越高，则研发成功的可能性越低，技术进步越慢，经济增长越慢。

二、发展中国家的经济增长、工资差距和就业

（一）发展中国家的经济增长

诸多学者提出新技术的扩散服从先快后慢的特征（Marchetti，1988，1996；Ayres 和 Robert，1990a，1990b；Grübler 和 Arnulf，1990）。中国的经济学家也认为发展中国家的经济发展存在后发优势（郭熙保，2000；林毅夫和张鹏飞，2005）。

因为最初发展中国家和发达国家之间存在技术鸿沟，发展中国家引进技术水平高的中间产品成本较低，但是随着发展中国家与发达国家技术水平差距的缩小，其模仿发达国家研发中间产品的成本将不断升高，当其达到发达国家水平时，如果制度、文化等方面与发达国家相同，其研发新中间产品的成本将与发达国家完全相同。根据有关技术扩散的文献（Marchetti，1988，1996；Ayres 和 Robert，1990a，1990b；Grübler 和 Arnulf，1990），设发展中国家引进技术的交易成本 ζ 服从 Logistic 方程，即

$$\frac{\mathrm{d}\zeta(t)}{\mathrm{d}t}=b\zeta\left(1-\frac{\zeta}{\zeta_0}\right) \tag{3-27}$$

其中，ζ_0 为发达国家的研发交易成本，并始终满足 $\zeta_0 \geqslant \zeta$，b 为研发交易成本外生的变化率，因此 $b>0$。式（3－27）的通解为 $\zeta=\zeta_0\dfrac{B\mathrm{e}^{bt}}{1+B\mathrm{e}^{bt}}$，其中 B 为 ζ 初始值决定的参数，由于 $\zeta_0 \geqslant \zeta$，必有 $B>0$。

把 $\zeta=\zeta_0\dfrac{B\mathrm{e}^{bt}}{1+B\mathrm{e}^{bt}}$ 带入式（3－25）得到增长率的方程为

$$\gamma=\frac{H}{\zeta}\left[q^{\alpha/(1-\alpha)}-1\right]+n_L=\frac{H(1+B\mathrm{e}^{bt})\left[q^{\alpha/(1-\alpha)}-1\right]}{\zeta_0 B\mathrm{e}^{bt}}+n_L \tag{3-28}$$

研发交易成本的增长率 $\gamma_\zeta=\dot{\zeta}/\zeta$ 为

$$\gamma_\zeta=\frac{\dot{\zeta}}{\zeta}=\frac{b}{1+B\mathrm{e}^{bt}} \tag{3-29}$$

由上式可以看出发展中国家研发交易成本的增长速度逐渐放缓，并最终趋近于 0。则根据命题 3.1 我们立即得到命题 3.2。

命题 3.2　最初发展中国家由于技术引进（研发）交易成本（ζ）较低，经济增长较快，但是随着技术引进（研发）交易成本（ζ）的上升，只有一个国家

积累更多的大学毕业生（H）才能使经济保持长期、持续、高速的增长，且需要维持的大学毕业生人数（H）增长率不断下降。

（二）发展中国家的工资差距

根据总产出式（3-7），可以计算出市场对非大学毕业生的总需求方程。在完全就业的假设下，工资为

$$w_L = A^{1/(1-\alpha)}\alpha^{2\alpha/(1-\alpha)}Q = A^{1/(1-\alpha)}\alpha^{2\alpha/(1-\alpha)}Q_0\exp(\gamma_Q t) \tag{3-30}$$

其中，$Q \equiv Q_0\exp(\gamma_Q t)$，$Q_0$为依赖于工资初始值的常数，$t$为年份。式（3-30）表明，非大学毕业生的工资将随着技术引进与经济总量同步增长，但不受本身供给数量的影响。

把研发收入式（3-13）、研发成功概率式（3-18）和利率式（3-24）代入大学毕业生工资式（3-15），得

$$w_H = \frac{LA^{1/(1-\alpha)}\left(\frac{1-\alpha}{\alpha}\right)\alpha^{2/(1-\alpha)}\left[q^{\alpha/(1-\alpha)}\right]}{H\theta\left[q^{\alpha/(1-\alpha)}-1\right]+\zeta\left[\theta(n_L-n)+\rho\right]+H}\cdot Q \tag{3-31}$$

因此，大学毕业生的工资受到总科技水平指数、非大学毕业生数量、大学毕业生数量、研发交易成本、非大学毕业生增长率、总人口增长率6种因素的影响。经济增长推动大学毕业生需求增加，导致工资上涨。对大学毕业生的需求随着非大学毕业生的增加而扩大，其工资必然上升；大学毕业生的供给增加将拉低此群体的工资。研发交易成本的上升导致对大学毕业生需求的减少，工资下降。非大学毕业生增长率上升，均衡利率上升，研发期望收益下降，对大学毕业生需求减少，工资下降。总人口增长率上升，均衡利率下降，研发期望收益上升，对大学毕业生需求增加，工资上升。

设大学毕业生和非大学毕业生的工资差距为两者之比：$G(t)=w_H/w_L$，则两者的工资差距为

$$G = \frac{L\left(\frac{1-\alpha}{\alpha}\right)\alpha^2\left[q^{\alpha/(1-\alpha)}\right]}{H\theta\left[q^{\alpha/(1-\alpha)}-1\right]+\zeta\left[\theta(n_L-n)+\rho\right]+H} \tag{3-32}$$

由此我们得到命题3.3。

命题3.3 研发交易成本（ζ）上升、大学毕业生人数（H）增加和总人口增长率（n）加大，则大学毕业生和非大学毕业生的工资差距缩小；非大学毕业生人数（L）增加和非大学毕业生增长率（n_L）上升将拉大两者的工资差距。

研发交易成本上升导致对大学毕业生需求减少，工资下降，大学毕业生和非

大学毕业生的工资差距缩小。大学毕业生人数增加导致供给增加，拉低工资，两者工资差距缩小。非大学毕业生的增长导致对大学毕业生需求的增长，也将推高大学毕业生的工资，由于非大学毕业生工资不受其供给数量的影响，两者工资差距扩大。非大学毕业生增长率上升拉高大学毕业生的工资，工资差距扩大。总人口增长率的上升拉低大学毕业生的工资，工资差距缩小。

需要指出的是，这里所谈的工资差异主要着眼于行业内部不同水平劳动力的工资差异，而非行业间的工资差异。

在发展中国家经济增长的初期，其人口由于生活条件的改善显著增长。但是此时更多的人口都是受教育水平较低的非大学毕业生，非大学毕业生的大幅度扩张拉大大学毕业生和非大学毕业生的工资差距，而研发交易成本非常小，上升较慢，因此发展中国家经济增长初期工资不平等状况恶化。但是随着人们生活的进一步改善，家庭更加重视子女的质量而非数量，因此大学毕业生迅猛增加，非大学毕业生增速放缓，同时研发交易成本也在不断上升。大学毕业生增加和研发交易成本的上涨导致大学毕业生和非大学毕业生的工资差距缩小，因此发展中国家经济增长后期工资不平等程度下降。由此我们得到命题 3.4：

命题 3.4　*在发展中国家的技术引进过程中，由于最初非大学毕业生人数（L）增长较快，而后来大学毕业生人数（H）相对于非大学毕业生人数（L）的迅速增加和研发交易成本（ζ）的急剧上升，导致大学毕业生和非大学毕业生的工资差距先上升，后下降，与库兹涅茨曲线形状相同。*

由于工资差距是收入差距的一个重要组成部分，所以我们可以部分地解释库兹涅茨曲线的成因。

（三）发展中国家两种劳动者的就业

现在我们放宽完全就业的假设，设非大学毕业生和大学毕业生根据保留工资就业，例如，如果市场的均衡工资大于大学毕业生的保留工资，大学毕业生选择就业；如果市场工资低于保留工资，大学毕业生选择不就业。此外，设非大学毕业生和大学毕业生的保留工资服从概率密度函数为 $g_L(s)$ 和 $g_H(s)$ 的正态分布，则非大学毕业生和大学毕业生的就业人数 L^* 和 H^* 分别为

$$L^* = L\int_0^{w_L} g_L(s)\,\mathrm{d}s,\quad H^* = H\int_0^{w_H} g_H(s)\,\mathrm{d}s \tag{3-33}$$

其中，L 和 H 为外生的非大学毕业生和大学毕业生总人数。

因此非大学毕业生、大学毕业生的就业率分别为 $\int_0^{w_L} g_L(s)\,\mathrm{d}s$，$\int_0^{w_H} g_H(s)\,\mathrm{d}s$。

为了简化模型，我们设 $g_L(s)$ 和 $g_H(s)$ 分别服从 $[0, b_L]$ 和 $[0, b_H]$ 的平均分布。

在放弃完全就业的假设后，我们重新求得相应的非大学毕业生和大学毕业生工资，并根据平均分布的假设求得相应的非大学毕业生和大学毕业生就业率分别为

$$\frac{A^{\frac{1}{1-\alpha}}\alpha^{\frac{2}{1-\alpha}}}{b_L}\cdot Q \tag{3-34}$$

$$w_H=\frac{L^*A^{1/(1-\alpha)}\left(\frac{1-\alpha}{\alpha}\right)\alpha^{2/(1-\alpha)}[q^{\alpha/(1-\alpha)}]}{b_H\{H^*\theta[q^{\alpha/(1-\alpha)}-1]+\zeta[\theta(n_L-n)+\rho]+H^*\}}\cdot Q \tag{3-35}$$

式（3-34）表明，随着技术进步即 Q 的增加，非大学毕业生的工资上升，在工人按保留工资就业的假设下，工资上升将使非大学毕业生就业率上升。同理，式（3-35）表明，发展中国家大学毕业生的就业率将随着技术进步即 Q 的增加持续上升。但是随着技术引进交易成本 ζ 的上升，大学毕业生的工资下降，就业率将下降，同时更多大学毕业生的供给将压低其工资，导致就业率下降。更多的非大学毕业生的供给将导致大学毕业生需求的增加，将推升大学毕业生工资，使大学毕业生的就业率上升。

非大学毕业生和大学毕业生就业人数分别为

$$L^*=\frac{LA^{\frac{1}{1-\alpha}}\alpha^{\frac{2}{1-\alpha}}}{b_L}\cdot Q \tag{3-36}$$

$$H^*=\frac{HL^*A^{1/(1-\alpha)}\left(\frac{1-\alpha}{\alpha}\right)\alpha^{2/(1-\alpha)}[q^{\alpha/(1-\alpha)}]}{b_H\{H^*\theta[q^{\alpha/(1-\alpha)}-1]+\zeta[\theta(n_L-n)+\rho]+H^*\}}\cdot Q \tag{3-37}$$

式（3-36）表明，非大学毕业生的就业人数只受到非大学毕业生人口、总科技水平指数、全要素生产率 A 的影响。非大学毕业生人口越多，总科技水平指数越高，全要素生产率 A 越大，就业人数越多。式（3-37）表明，大学毕业生就业人数受大学毕业生总人数 H、非大学毕业生就业人数 L^*、研发交易成本 ζ、总科技水平指数 Q 等因素的影响。大学毕业生总人数 H 越多，非大学毕业生就业人数越多，总科技水平指数 Q 越高，全要素生产率 A 越高，大学毕业生就业人数就越多。研发交易成本 ζ 越高，大学毕业生就业人数就越少。

综上所述我们得到命题 3.5。

命题 3.5 大学毕业生的就业人数将随着技术进步、大学毕业生人数、非大学毕业生就业人数的扩张而增加，随着研发交易成本的上升而下降。非大学毕业

生的就业人数也将随着技术进步而增加。

第二节　资本推动的中间产品质量升级与大学毕业生就业

一、经济增长模型

（一）生产过程

本模型是建立在 Aghion 和 Howiit（1992）、Barro 和 Sala－i－Martin（1995）的基础之上，考虑了不同教育水平的劳动和不同科技水平的中间产品的搭配问题，即科技水平较高的中间产品需要与受教育水平高的劳动力相搭配，而低科技水平的中间产品需要与受教育水平低的工人相搭配，并用来讨论发展中国家在经济增长过程中对大学生的需求问题。

在本模型中，我们采用了 Spence（1976）、Dixit 和 Stiglitz（1977）、Ethier（1982）、Romer（1987，1990）的对于企业 i 的最终产品方程

$$Y_i = AL_i^{1-\alpha}\sum_{j=0}^{N}(\tilde{X}_{ij})^{\alpha} \tag{3-38}$$

其中，L_i为劳动，$0<\alpha<1$，$\tilde{X}_{ij}$表示经过科技水平调整后的中间产品的数量，A 表示生产率。设产品是按照一定的产品科技水平阶梯进行升级的。假设不同科技水平的中间产品构成一个等比数列，其比值为$q>1$，且它为中间产品的科技水平的度量指标。

第一，我们假设每种中间产品都从 1 开始升级，不同中间产品科技水平指标就是 q，q^2，q^3，…，q^{κ_j}，其中 κ_j 代表科技水平。我们假设科技水平最高的中间产品会淘汰科技水平较低的中间产品，那么对于不同的中间产品，市场上就只能有一种科技水平最高的中间产品可以存在。

第二，假设不同科技水平的中间产品和不同教育水平的工人相搭配，即高科技水平的中间产品要求和受教育水平高的工人相搭配，受教育水平低的工人和低科技水平的中间产品相搭配进行生产。

第三，假设有两种教育水平的工人，即大学毕业生和非大学毕业生，他们分别和高科技水平和低科技水平的中间产品相搭配进行生产。

第四，假设有一个科技水平门槛 M，当中间产品的科技水平大于这个门槛时，与之匹配的就是大学毕业生的劳动力；当中间产品的科技水平小于这个门槛时，它就要和非大学生劳动相匹配。当 $\kappa_j<M$ 时，中间产品需要与大学毕业生进行匹配生产；当 $\kappa_j\geqslant M$ 时，中间产品需要与非大学毕业生匹配进行生产。事实上，大学毕业生也可以与 $\kappa_j<M$ 的中间产品匹配，但是我们一般认为由于大学毕业生的工资较高，因此大学毕业生不会与非大学毕业生抢工作岗位。

第五，假设总人口为 L^0，且其为一个常数。其中大学毕业生的比例为 λ，则大学毕业生和非大学毕业生的数量分别为：λL^0，$(1-\lambda)L^0$。

则新的最终产品的方程为

$$Y_i = A_L L_i^{1-\alpha}\sum_{\kappa_j<M}(q^{\kappa_j}X_{ij\kappa_j})^{\alpha} + A_H H_i^{1-\alpha}\sum_{\kappa_j\geqslant M}S^{\kappa_j}(q^{\kappa_j}X_{ij\kappa_j})^{\alpha} \tag{3-39}$$

其中，L_i 表示第 i 个企业雇用的非大学生的数量，H_i 表示第 i 个企业雇用的大学毕业生的数量。S^{κ_j}（Skill Labor）表示大学毕业生作为高级人才与高级中间产品匹配所得到的额外收益，可以理解为人力资本的生产者收益，中间产品的质量越高，其获得的产出越高。设中间产品的价格为 $P_{j\kappa_j}$，假设不同教育水平的工人的工资分别为 w_L 和 w_H，则根据企业的利润最大化方程，我们得

$$\partial Y_i/\partial X_{ij\kappa_j} = A_L\alpha L_i^{1-\alpha}(q)^{\alpha\kappa_j}(X_{ij\kappa_j})^{\alpha-1}-P_{j\kappa_j}=0,\ \kappa_j<M \tag{3-40}$$

$$\partial Y_i/\partial X_{ij\kappa_j} = A_H\alpha H_i^{1-\alpha}S^{\kappa_j}(q)^{\alpha\kappa_j}(X_{ij\kappa_j})^{\alpha-1}-P_{j\kappa_j}=0,\ \kappa_j\geqslant M \tag{3-41}$$

$$\partial Y_i/\partial L_i = A_L(1-\alpha)L_i^{-\alpha}\sum_{\kappa_j<M}(q^{\kappa_j}X_{ij\kappa_j})^{\alpha}-w_L=0,\ \kappa_j<M \tag{3-42}$$

$$\partial Y_i/\partial H_i = A_H(1-\alpha)H_i^{-\alpha}\sum_{\kappa_j\geqslant M}S^{\kappa_j}(q^{\kappa_j}X_{ij\kappa_j})^{\alpha}-w_H=0,\ \kappa_j\geqslant M \tag{3-43}$$

则中间产品和劳动的需求方程为

$$X_{ij\kappa_j} = L_i\left[A_L\alpha(q)^{\alpha\kappa_j}/P_{j\kappa_j}\right]^{1/(1-\alpha)},\ \kappa_j<M \tag{3-44}$$

$$X_{ij\kappa_j} = H_iS^{\kappa_j}\left[A_H\alpha(q)^{\alpha\kappa_j}/P_{j\kappa_j}\right]^{1/(1-\alpha)},\ \kappa_j\geqslant M \tag{3-45}$$

$$L_i = \left[A_L(1-\alpha)\sum_{\kappa_j<M}(q^{\kappa_j}X_{ij\kappa_j})^{\alpha}\right]^{1/\alpha}(w_L)^{-1/\alpha},\ \kappa_j<M \tag{3-46}$$

$$H_i = \left[A_HS^{\kappa_j}(1-\alpha)\sum_{\kappa_j\geqslant M}(q^{\kappa_j}X_{ij\kappa_j})^{\alpha}\right]^{1/\alpha}(w_H)^{-1/\alpha},\ \kappa_j\geqslant M \tag{3-47}$$

假设每一单位的中间产品需要一单位的最终产品生产，而生产者是一个价格垄断者，则发明第 j 种中间产品的收益为

$$V(t) = \int_0^{\infty} (P_j - 1) X_j \mathrm{e}^{-\bar{r}(v,t)(v-t)} \mathrm{d}v \tag{3-48}$$

其中，X_j 是每一期制造的中间产品的总量。

对式（3－44）和式（3－45）求和得中间产品总需求为

$$X_{j\kappa_j} = \sum_i X_{ij\kappa_j} = [A_L \alpha (q)^{\alpha\kappa_j} / P_{j\kappa_j}]^{1/(1-\alpha)}$$

$$\sum_i L_i = [A_L \alpha (q)^{\alpha\kappa_j} / P_{j\kappa_j}]^{1/(1-\alpha)} L, \quad \kappa_j < M \tag{3-49}$$

$$X_{j\kappa_j} = \sum_i X_{ij\kappa_j} = [A_H S^{\kappa_j} \alpha (q)^{\alpha\kappa_j} / P_{j\kappa_j}]^{1/(1-\alpha)}$$

$$\sum_i H_i = [A_H \alpha S^{\kappa_j} (q)^{\alpha\kappa_j} / P_{j\kappa_j}]^{1/(1-\alpha)} L, \quad \kappa_j \geqslant M \tag{3-50}$$

其中，L、H 分别为总的非大学毕业生和大学毕业生数量；式（3－48）中 $\bar{r}(v,t) \equiv [1/(v-t)] \int_t^v r(\omega) \mathrm{d}\omega$ 为从时间 v 到时间 t 的平均利率。我们假设发明出第 j 种中间产品的企业是一个垄断企业，那么企业最大化自己的利润 $(P_j - 1)[A_L \alpha (q)^{\alpha\kappa_j} / P_{j\kappa_j}]^{1/(1-\alpha)} L$，$\kappa_j < M$ 和 $(P_j - 1)[A_H \alpha S^{\kappa_j} (q)^{\alpha\kappa_j} / P_{j\kappa_j}]^{1/(1-\alpha)} H$，$\kappa_j \geqslant M$。

无论 $j < M$ 还是 $j \geqslant M$，中间产品的价格都为

$$P_j = P = 1/\alpha \tag{3-51}$$

所以各种中间产品的价格都是相同的，且不随时间而改变。把 P_j 的结果代入式（3－49）和式（3－50），可以得到中间产品的需求量：

$$X_{j\kappa_j} = L A_L^{1/(1-\alpha)} \alpha^{2/(1-\alpha)} (q)^{\kappa_j \alpha/(1-\alpha)}, \quad \kappa_j < M \tag{3-52}$$

$$X_{j\kappa_j} = H A_H^{1/(1-\alpha)} \alpha^{2/(1-\alpha)} S^{\kappa_j/(1-\alpha)} (q)^{\kappa_j \alpha/(1-\alpha)}, \quad \kappa_j \geqslant M \tag{3-53}$$

总产出在 $\kappa_j = M$ 的情况下，必有使用任何一种劳动力产出相同，则

$$\alpha^{2/(1-\alpha)} A_L^{1/(1-\alpha)} L q^{M\alpha/(1-\alpha)} = H A_H^{1/(1-\alpha)} \alpha^{2/(1-\alpha)} S^{M/(1-\alpha)} (q)^{M\alpha/(1-\alpha)} \tag{3-54}$$

因此必然满足如下方程

$$A_L^{1/(1-\alpha)} L = H A_H^{1/(1-\alpha)} S^{M/(1-\alpha)} \tag{3-55}$$

把式（3－52）和式（3－53）代入式（3－39），并对 i 个企业求和可以得到总产出的方程：

$$\begin{aligned} Y &= A_L^{1/(1-\alpha)} \alpha^{2\alpha/(1-\alpha)} L \sum_{\kappa_j < M} q^{\kappa_j \alpha/(1-\alpha)} + A_H^{1/(1-\alpha)} S^{\kappa_j/(1-\alpha)} \alpha^{2\alpha/(1-\alpha)} H \sum_{\kappa_j \geqslant M} q^{\kappa_j \alpha/(1-\alpha)} \\ &= \alpha^{2\alpha/(1-\alpha)} \left[A_L^{1/(1-\alpha)} L \sum_{\kappa_j < M} q^{\kappa_j \alpha/(1-\alpha)} + A_H^{1/(1-\alpha)} H \sum_{\kappa_j \geqslant M} S^{\kappa_j/(1-\alpha)} q^{\kappa_j \alpha/(1-\alpha)} \right] \end{aligned} \tag{3-56}$$

由式（3－56）可以看出，Y 的增长由 κ_j、L、H 和 M 决定。设

$$Q \equiv \left[A_L^{1/(1-\alpha)} L \sum_{\kappa_j < M} q^{\kappa_j \alpha/(1-\alpha)} + A_H^{1/(1-\alpha)} H \sum_{\kappa_j \geqslant M} S^{\kappa_j/(1-\alpha)} q^{\kappa_j \alpha/(1-\alpha)} \right] \tag{3-57}$$

则 Q 代表科技水平，我们称之为总科技水平指数。

把式（3－57）代入式（3－56），则

$$Y=\alpha^{2\alpha/(1-\alpha)}Q \tag{3-58}$$

假设 X 表示总的中间产品量，则

$$\begin{aligned}X &= \sum_{\kappa_j<M}LA_L^{1/(1-\alpha)}\alpha^{2/(1-\alpha)}(q)^{\kappa_j\alpha/(1-\alpha)}+\sum_{\kappa_j\geqslant M}HA_H^{1/(1-\alpha)}S^{\kappa_j/(1-\alpha)}\alpha^{2/(1-\alpha)}(q)^{\kappa_j\alpha/(1-\alpha)}\\ &= \alpha^{2/(1-\alpha)}\left\{A_L^{1/(1-\alpha)}L\sum_{\kappa_j<M}(q)^{\kappa_j\alpha/(1-\alpha)}+A_H^{1/(1-\alpha)}H\sum_{\kappa_j\geqslant M}S^{\kappa_j/(1-\alpha)}(q)^{\kappa_j\alpha/(1-\alpha)}\right\}\\ &= \alpha^{2/(1-\alpha)}Q\end{aligned} \tag{3-59}$$

（二）研发过程

1. 垄断利润流量

如果企业在某一种中间产品上进行创新，那么这种中间产品的科技水平阶梯就从 q^{κ_j-1} 上升到 q^{κ_j}。中间产品的价格为 $P=1/\alpha$，而产量由式（3－52）或式（3－53）决定，即当这种产品科技水平较低时——$\kappa_j<M$，产量由式（3－52）决定，而这种中间产品的质量较高时，产量由式（3－53）决定，则发明某种中间产品企业的利润流方程为

$$\pi_{j\kappa_j}=LA_L^{1/(1-\alpha)}\left(\frac{1-\alpha}{\alpha}\right)\alpha^{2/(1-\alpha)}q^{\kappa_j\alpha/(1-\alpha)},\quad \kappa_j<M \tag{3-60}$$

$$\pi_{j\kappa_j}=HA_H^{1/(1-\alpha)}\left(\frac{1-\alpha}{\alpha}\right)\alpha^{2/(1-\alpha)}S^{\kappa_j/(1-\alpha)}q^{\kappa_j\alpha/(1-\alpha)},\quad \kappa_j\geqslant M \tag{3-61}$$

发明企业的利润流将从发明这种科技水平的中间产品的时刻 t_{κ_j} 开始，直到某一个企业发明高科技水平的中间产品时间 t_{κ_j+1} 为止。所以，科技水平为 κ_j 的中间产品在市场上存在的时间为 $T_{\kappa_j}=t_{\kappa_j+1}-t_{\kappa_j}$。如果利率是常数，那么发明科技水平为 κ_j 的中间产品企业的利润现值为

$$V_{j\kappa_j}=\pi_{j\kappa_j}[1-\exp(-rT_{j\kappa_j})]/r,\quad \kappa_j<M \tag{3-62}$$

$$V_{j\kappa_j}=\pi_{j\kappa_j}[1-\exp(-rT_{j\kappa_j})]/r,\quad \kappa_j\geqslant M \tag{3-63}$$

2. 垄断时间

第一，假设 $Z_{j\kappa_j}$ 表示投入到第 j 种、科技水平为 κ_j 的中间产品全部研发资金流量。这个流量可以是一个企业投入，也可以是多个企业同时的全部投入。第二，假设 $p_{j\kappa_j}$ 为每单位时间研发成功的概率。第三，假设无论 $\kappa_j<M$ 还是 $\kappa_j\geqslant M$，

$Z_{j\kappa_j}$和$p_{j\kappa_j}$满足如下方程

$$p_{j\kappa_j}=Z_{j\kappa_j}\phi(\kappa_j) \tag{3-64}$$

其中，$\phi(\kappa_j)$为与科技水平相关表示研发困难程度的函数，假设一个中间产品的科技水平越高投入同样的资源研发成功的概率越低，即$\phi'(\kappa_j)<0$。从式（3-64）可以看出，在同等科技水平下，投入的资源越多研发成功的概率越大。从式（3-64）可以看出，单位时间研发成功的概率$p_{j\kappa_j}$是一个泊松过程，即研发成功的概率只与当前的资源投入和科技水平相关，而与此前的研究历史无关。

假设$G(\tau)$为垄断时间$T_{j\kappa_j}$的分布函数，则$G'(\tau)$表示在时间τ研发成功的概率。如果研发正好在时间τ成功，那么研发在此前就没有成功，而没有成功的概率为$1-G(\tau)$。在没有研发成功的状态下，每单位时间研发成功的概率为$p_{j\kappa_j}$，所以

$$\mathrm{d}G/\mathrm{d}\tau=[1-G(\tau)]p_{j\kappa_j} \tag{3-65}$$

假设$p_{j\kappa_j}$在$T_{\kappa_j}=t_{\kappa_j+1}-t_{\kappa_j}$内是常数，那么$Z_{j\kappa_j}$也是常数。根据$G(0)=0$的初始条件，可以求解常微分方程式（3-65），得

$$G(\tau)=1-\exp(-p_{j\kappa_j}\tau) \tag{3-66}$$

垄断时间$T_{j\kappa_j}$的概率密度方程为

$$g(\tau)=G'(\tau)=p_{j\kappa_j}\exp(-p_{j\kappa_j}\tau) \tag{3-67}$$

发明科技水平为κ_j的中间产品j的垄断企业的期望收益为

$$E(V_{j\kappa_j})=(\pi_{j\kappa_j}/r)p_{j\kappa_j}\int_0^{\infty}(1-\mathrm{e}^{-r\tau})\exp(-p_{j\kappa_j}\tau)\mathrm{d}\tau \tag{3-68}$$

积分得

$$E(V_{j\kappa_j})=\pi_{j\kappa_j}/(r+p_{j\kappa_j}) \tag{3-69}$$

把式（3-60）和式（3-61）分别代入上式，得

$$E(V_{j\kappa_j})=LA_L^{1/(1-\alpha)}\left(\frac{1-\alpha}{\alpha}\right)\alpha^{2/(1-\alpha)}[q^{\kappa_j\alpha/(1-\alpha)}]/(r+p_{j\kappa_j}),\ \kappa_j<M \tag{3-70}$$

$$E(V_{j\kappa_j})=HA_H^{1/(1-\alpha)}\left(\frac{1-\alpha}{\alpha}\right)\alpha^{2/(1-\alpha)}[S^{(\kappa_j+1)/(1-\alpha)}q^{\kappa_j\alpha/(1-\alpha)}]/(r+p_{j\kappa_j}),\ \kappa_j\geqslant M \tag{3-71}$$

3. 研究投入的决定

对科技水平为κ_j的中间产品投入的资源流量为$Z_{j\kappa_j}$，并且与之相对应的单位时间的成功概率为$p_{j_{\kappa_j}}$。对于追求科技水平为κ_j+1的中间产品研发企业的单位时

间收益为 $p_{j_{\kappa_j}}E(V_{j,\kappa_j+1})$。所以对科技水平为 κ_j+1 的中间产品研发企业的期望净收益流量为 $p_{j_{\kappa_j}}E(V_{j,\kappa_j+1})-Z_{j\kappa_j}$，我们用 $\prod_{j\kappa_j}$ 表示这个净收益流量，则

$$\prod_{j\kappa_j}=Z_{j\kappa_j}\left[\phi(\kappa_j)LA_L^{1/(1-\alpha)}\left(\frac{1-\alpha}{\alpha}\right)\alpha^{2/(1-\alpha)}\left[q^{(\kappa_j+1)\alpha/(1-\alpha)}\right]/(r+p_{j,\kappa_j+1})-1\right],\ j<M \tag{3-72}$$

$$\prod_{j\kappa_j}=Z_{j\kappa_j}\left[\phi(\kappa_j)HA_H^{1/(1-\alpha)}\left(\frac{1-\alpha}{\alpha}\right)\alpha^{2/(1-\alpha)}\left[S^{(\kappa_j+1)/(1-\alpha)}q^{(\kappa_j+1)\alpha/(1-\alpha)}\right]/(r+p_{j,\kappa_j+1})-1\right],\ j\geqslant M \tag{3-73}$$

假设研发行业可以自由进入，那么这个净收益就应当为0。令 $\prod_{j\kappa_j}=0$，得

$$r+p_{j,\kappa_j+1}=LA_L^{1/(1-\alpha)}\left(\frac{1-\alpha}{\alpha}\right)\alpha^{2/(1-\alpha)}\phi(\kappa_j)\left[q^{(\kappa_j+1)\alpha/(1-\alpha)}\right],\ \kappa_j<M \tag{3-74}$$

$$r+p_{j,\kappa_j+1}=HA_H^{1/(1-\alpha)}\left(\frac{1-\alpha}{\alpha}\right)\alpha^{2/(1-\alpha)}\phi(\kappa_j)\left[q^{(\kappa_j+1)\alpha/(1-\alpha)}\right],\ \kappa_j\geqslant M \tag{3-75}$$

从式（3－74）和式（3－75）可以看出，不同种类的中间产品的自由进入条件是相同的。

同时科技水平 κ_j 对研发成功概率 p_{j,κ_j+1} 有两种相反的作用。较高的 κ_j 会使期望的收益流增加，而 $\phi(\kappa_j)$ 表明较高的 κ_j 会降低成功的概率。在均衡增长路径中这两个方面的影响应当是相互抵消的，所以我们设 $\phi(\kappa_j)$ 的表达式为

$$\phi(\kappa_j)=(1/\zeta_L)q^{-(\kappa_j+1)\alpha/(1-\alpha)},\ \kappa_j<M \tag{3-76}$$

$$\phi(\kappa_j)=(1/\zeta_H)S^{-(\kappa_j+1)/(1-\alpha)}q^{-(\kappa_j+1)\alpha/(1-\alpha)},\ \kappa_j\geqslant M \tag{3-77}$$

其中，ζ_L，$\zeta_H>0$ 表示研发交易成本，较高的交易成本 ζ_L，ζ_H 会降低研发成功的概率。其中，$q^{-(\kappa_j+1)\alpha/(1-\alpha)}$ 表明科技水平越高的中间产品研发成功的概率越低。如果 $\phi(\kappa_j)$ 采用式（3－76）和式（3－77）的形式，从式（3－74）和式（3－75）可以看出，单位时间研发成功的概率与科技水平无关。

把式（3－76）、式（3－77）代入式（3－74）和式（3－75）得到新的自由进入条件为

$$r+p_{j\kappa_j}=(L/\zeta_L)A_L^{1/1-\alpha}\left(\frac{1-\alpha}{\alpha}\right)\alpha^{2/1-\alpha},\ \kappa_j<M \tag{3-78}$$

$$r+p_{j\kappa_j}=(H/\zeta_H)A_H^{1/(1-\alpha)}\left(\frac{1-\alpha}{\alpha}\right)\alpha^{2/1-\alpha},\ \kappa_j\geqslant M \tag{3-79}$$

式（3－78）和式（3－79）的右侧代表研发的收益率，研发成功的企业在新科技水平的研发成功之前一直保持这个收益率。所以这个收益率应当是投资的收益率 r 加上每单位时间研发成功的概率，因为新的研发者以这个概率淘汰现有

的垄断企业。

由式（3－78）和式（3－79）得单位时间研发成功的概率为

$$p_L \equiv p_{j\kappa_j} = (L/\zeta_L) A_L^{1/1-\alpha}\left(\frac{1-\alpha}{\alpha}\right)\alpha^{2/1-\alpha} - r,\ \ \kappa_j < M \tag{3-80}$$

$$p_H \equiv p_{j\kappa_j} = (H/\zeta_H) A_H^{1/1-\alpha}\left(\frac{1-\alpha}{\alpha}\right)\alpha^{2/1-\alpha} - r,\ \ \kappa_j \geqslant M \tag{3-81}$$

如果 r 是一个常数，那么 p 也是一个常数。

对第 j 种中间产品投入的总资源 $Z_{j\kappa_j}$ 为 $Z_{j\kappa_j} = p_{j\kappa_j}/\phi(\kappa_j)$。把式（3－76）、式（3－77）、式（3－80）和式（3－81）代入，得

$$Z_{j\kappa_j} = q^{(\kappa_j+1)\alpha/(1-\alpha)}\left[LA_L^{1/(1-\alpha)}\left(\frac{1-\alpha}{\alpha}\right)\alpha^{2/(1-\alpha)} - r\zeta_L\right],\ \ \kappa_j < M \tag{3-82}$$

$$Z_{j\kappa_j} = q^{(\kappa_j+1)\alpha/(1-\alpha)}\left[HA_H^{1/(1-\alpha)}\left(\frac{1-\alpha}{\alpha}\right)\alpha^{2/(1-\alpha)} - r\zeta_H\right],\ \ \kappa_j \geqslant M \tag{3-83}$$

所以，中间产品的科技水平 κ_j 越高，企业需要投入的资源就越多。研发成的概率与中间产品的科技水平 κ_j 无关，这是因为式（3－82）和式（3－83）说明科技水平越高，需要投入的成本就越高。

所有企业对研发的总投入为

$$\begin{aligned} Z = & \left[LA_L^{1/(1-\alpha)}\left(\frac{1-\alpha}{\alpha}\right)\alpha^{2/(1-\alpha)} - r\zeta_L\right]\sum_{\kappa_j<M} q^{(\kappa_j+1)\alpha/(1-\alpha)} \\ & + \left[HA_H^{1/(1-\alpha)}\left(\frac{1-\alpha}{\alpha}\right)\alpha^{2/(1-\alpha)} - r\zeta_H\right]\sum_{\kappa_j>M} S^{(\kappa_j+1)/(1-\alpha)} q^{(\kappa_j+1)\alpha/(1-\alpha)} \end{aligned} \tag{3-84}$$

（三）总科技水平指数 Q 的增长率

由 Y、X、Z 的表达式可以看出：

$$\gamma_y = \gamma_x = \gamma_z = \gamma_Q \tag{3-85}$$

即总产出的增长率、总中间产品的增长率、研发总投入的增长率都等于 Q 的增长率

因为 $Q \equiv \left[A_L^{1/(1-\alpha)} L \sum_{\kappa_j<M} q^{\kappa_j\alpha/(1-\alpha)} + A_H^{1/(1-\alpha)} H \sum_{\kappa_j\geqslant M} S^{\kappa_j/(1-\alpha)} q^{\kappa_j\alpha/(1-\alpha)}\right]$，当 $\kappa_j < M$ 时，在第 j 种中间商品中，如果没有研发 $q^{\kappa_j\alpha/(1-\alpha)}$ 就不会变化，如果有新的中间产品研发成功 Q 就会上升到 $q^{(\kappa_j+1)\alpha/(1-\alpha)}$，新的中间产品单位时间研发成功的概率为式（3－80）。当 $\kappa_j \geqslant M$ 时，在第 j 种中间商品中，如果没有研发 $S^{\kappa_j/(1-\alpha)} q^{\kappa_j\alpha/(1-\alpha)}$ 就不会变化，如果有新的中间产品研发成功 Q 就上升到 $S^{(\kappa_j+1)/(1-\alpha)} q^{(\kappa_j+1)\alpha/(1-\alpha)}$，而每单位时间研发的成功概率为式（3－81），则每单位时间 Q 的期望变化值为

$$E(\Delta Q) = \left\{A_L^{1/(1-\alpha)} L \sum_{\kappa_j < M} q^{\kappa_j \alpha/(1-\alpha)} [q^{\alpha/(1-\alpha)} - 1]\right\} p_L + \left\{A_H^{1/(1-\alpha)} H \sum_{\kappa_j \geqslant M} S^{\kappa_j/(1-\alpha)} q^{\kappa_j \alpha/(1-\alpha)} [S^{1/(1-\alpha)} q^{\alpha/(1-\alpha)} - 1]\right\} p_H \quad (3-86)$$

欲使 Q 的变化率为定值，则必有

$$[q^{\alpha/(1-\alpha)} - 1] p_L = [S^{1/(1-\alpha)} q^{\alpha/(1-\alpha)} - 1] p_H \quad (3-87)$$

如果中间产品的种类足够大，根据大数定理方程 $E(\Delta Q/Q)$ 约等于 Q 的增长率。把式（3－80）、式（3－81）、式（3－86）和式（3－87）代入方程 $E(\Delta Q/Q)$，得

$$\begin{aligned}\gamma_Q &= \left[(H/\zeta_H) A_H^{1/(1-\alpha)} \left(\frac{1-\alpha}{\alpha}\right) \alpha^{2/(1-\alpha)} - r\right] [S^{1/(1-\alpha)} q^{\alpha/(1-\alpha)} - 1] \\ &= \left[(L/\zeta_L) A_L^{1/(1-\alpha)} \left(\frac{1-\alpha}{\alpha}\right) \alpha^{2/(1-\alpha)} - r\right] [q^{\alpha/(1-\alpha)} - 1] \quad (3-88)\end{aligned}$$

（四）家户

假设在总人口中非大学毕业生占的比例为 λ，总的人口为 L^0，并且是一个常数。假设每个家户非大学生所占的比例也为 λ。

在这个模型中，我们根据拉姆齐模型设家户的效用函数为

$$U = \int_0^{\infty} \frac{c^{1-\theta} - 1}{1 - \theta} e^{-\rho t} dt \quad (3-89)$$

其中，c 代表家户内部的人均消费，ρ 代表时间偏好。

设家户的财富用 a 表示，则约束方程为

$$\dot{a} = ra + \lambda L^0 w_L + (1 - \lambda) L^0 w_H - c \quad (3-90)$$

则家户的人均消费的增长路径为

$$\gamma_c = (1/\theta)(r - \rho) \quad (3-91)$$

经济中的总资源约束为

$$C = Y - X - Z \quad (3-92)$$

由于 Y、X、Z 都将以 Q 的增长率增长，必有 $\gamma_c = \gamma_Y$，可以得到均衡增长路径下的利率为

$$\begin{aligned}r &= \frac{\rho + \theta[S^{1/(1-\alpha)} q^{\alpha/(1-\alpha)} - 1](H/\zeta_H) A_H^{1/(1-\alpha)} \left(\frac{1-\alpha}{\alpha}\right) \alpha^{2/(1-\alpha)}}{1 + \theta[S^{1/(1-\alpha)} q^{\alpha/(1-\alpha)} - 1]} \\ &= \frac{\rho + \theta[q^{\alpha/(1-\alpha)} - 1](L/\zeta_L) A_L^{1/(1-\alpha)} \left(\frac{1-\alpha}{\alpha}\right) \alpha^{2/(1-\alpha)}}{1 + \theta[q^{\alpha/(1-\alpha)} - 1]} \quad (3-93)\end{aligned}$$

则均衡增长率为

$$\gamma = \frac{[S^{1/(1-\alpha)}q^{\alpha/(1-\alpha)} - 1]\left[(H/\zeta_H)A_H^{1/(1-\alpha)}\left(\frac{1-\alpha}{\alpha}\right)\alpha^{2/(1-\alpha)} - \rho\right]}{1+\theta[S^{1/(1-\alpha)}q^{\alpha/(1-\alpha)} - 1]}$$

$$= \frac{[q^{\alpha/(1-\alpha)} - 1]\left[(L/\zeta_L)A_L^{1/(1-\alpha)}\left(\frac{1-\alpha}{\alpha}\right)\alpha^{2/(1-\alpha)} - \rho\right]}{1+\theta[q^{\alpha/(1-\alpha)} - 1]} \tag{3-94}$$

根据式（3－94），我们可以得到命题3.6。

命题3.6 经济增长将受到研发交易成本ζ_H、大学毕业生人数H和人力资本的生产者收益S的影响。研发交易成本ζ_H越高，经济增长越低；大学毕业生人数H越多，经济增长越迅速；人力资本的生产者收益S越高，经济增长越快。

中间产品的发明概率为

$$p_H = \frac{(H/\zeta_H)A_H^{1/(1-\alpha)}\left(\frac{1-\alpha}{\alpha}\right)\alpha^{2/(1-\alpha)} - \rho}{1+\theta[S^{1/(1-\alpha)}q^{\alpha/(1-\alpha)} - 1]} \tag{3-95}$$

$$p_L = \frac{(L/\zeta_L)A_L^{1/(1-\alpha)}\left(\frac{1-\alpha}{\alpha}\right)\alpha^{2/(1-\alpha)} - \rho}{1+\theta[q^{\alpha/(1-\alpha)} - 1]} \tag{3-96}$$

由此方程，我们可以得到命题3.7。

命题3.7 与大学毕业生配合的中间产品和与非大学毕业生配合的中间产品的升级将以不同概率发生，但两种部门的总产出将同速增长。

二、发展中国家的经济增长、工资和就业

（一）发展中国家的经济增长

因为最初发展中国家和发达国家的技术差别巨大，因而其引进中间产品的交易成本较低，但是随着发展中国家与发达国家技术水平差异的缩小，其模仿发达国家研发中间产品的交易成本将不断升高，当其技术达到发达国家水平时，其研发新中间产品的交易成本将与发达国家完全相同。根据有关技术扩散的文献（Marchetti，1988，1996；Ayres 和 Robert，1990a，1990b；Grübler 和 Arnulf，1990），设发展中国家的研发交易成本服从 Logistic 方程，即

$$\frac{d\zeta_H(t)}{dt} = b\zeta_H\left(1 - \frac{\zeta_H}{\zeta_0}\right) \tag{3-97}$$

其中，ζ_0 为发达国家的研发交易成本，并始终满足 $\zeta_0 \geqslant \zeta_H$，$b$ 为研发交易成本外生的变化率，因此 $b>0$。通解为：

$$\zeta_H = \zeta_0 \frac{Be^{bt}}{1+Be^{bt}} \tag{3-98}$$

其中，B 为 ζ_H 初始值决定的参数，由于 $\zeta_0 \geqslant \zeta_H$，必有 $B>0$。

根据命题 3.1，经济增长由研发交易成本 ζ_H、大学毕业生人数 H 和人力资本的生产者收益 S 决定。现假设 H、L 为定值。由于 S 取决于 H、L，故发展中国家的经济增长率唯一地由 ζ_H决定。把 $\zeta_H = \zeta_0 \frac{e^{at}}{1+e^{at}}$，带入式（3－94），得到增长率的方程为

$$\gamma = \frac{[S^{1/(1-\alpha)}q^{\alpha/(1-\alpha)}-1]\left[(1/B\zeta_0)A_H^{1/(1-\alpha)}\left(\frac{1-\alpha}{\alpha}\right)\alpha^{2/(1-\alpha)}L_H(1+e^{-bt})-\rho\right]}{1+\theta[S^{1/(1-\alpha)}q^{\alpha/(1-\alpha)}-1]} \tag{3-99}$$

把 γ 对时间求导，得

$$\frac{\partial\gamma}{\partial t} = \frac{(-b)[S^{1/(1-\alpha)}q^{\alpha/(1-\alpha)}-1]\left[(1/B\zeta_0)A_H^{1/(1-\alpha)}\left(\frac{1-\alpha}{\alpha}\right)\alpha^{2/(1-\alpha)}\right]L_He^{-bt}}{1+\theta[S^{1/(1-\alpha)}q^{\alpha/(1-\alpha)}-1]}$$

$$= -bRHe^{-bt} < 0 \tag{3-100}$$

其中，$R \equiv \frac{[S^{1/(1-\alpha)}q^{\alpha/(1-\alpha)}-1]\left[(1/B\zeta_0)\ A_g^{1/(1-\alpha)}\left(\frac{1-\alpha}{\alpha}\right)\alpha^{2/(1-\alpha)}\right]}{1+\theta[S^{1/(1-\alpha)}q^{\alpha/(1-\alpha)}-1]}$，根据增长率始终大于 0 的条件，必有 $R>0$。由于 $b>0$，$\exp(-bt)>0$，因此$\frac{\partial\gamma}{\partial t}<0$，即 t 越大，γ 越小，因此我们得到命题 3.8。

命题 3.8 由于发展中国家技术的引进服从先快后慢的 Logistic 方程，其发展具有后发优势。经济增长将先快后慢，当科技水平与发达国家持平后，其增长将与发达国家同步。

（二）发展中国家的工资差距

根据总产出式（3－56），可以计算出市场对不同劳动力的总需求方程。在完全就业的假设下，可以得到两种劳动者的工资为

$$w_L = A_L^{1/(1-\alpha)}\alpha^{2\alpha/(1-\alpha)}\sum_{\kappa_j<M}q^{\kappa_j\alpha/(1-\alpha)} \tag{3-101}$$

$$w_H = A_H^{1/(1-\alpha)} \alpha^{2\alpha/(1-\alpha)} \sum_{\kappa_j \geqslant M} S^{\kappa_j/(1-\alpha)} q^{\kappa_j \alpha/(1-\alpha)} \tag{3-102}$$

因而两种劳动力的工资差距 G 为

$$G = \frac{w_H}{w_L} = \frac{A_H^{1/(1-\alpha)} \sum_{\kappa_j \geqslant M} S^{\kappa_j/(1-\alpha)} q^{\kappa_j \alpha/(1-\alpha)}}{A_L^{1/(1-\alpha)} \sum_{\kappa_j < M} q^{\kappa_j \alpha/(1-\alpha)}} \equiv \frac{Q_2}{Q_1} \tag{3-103}$$

其中，$Q_1 \equiv A_L^{1/(1-\alpha)} \sum_{\kappa_j < M} q^{\kappa_j \alpha/(1-\alpha)}$， $Q_2 \equiv A_H^{1/(1-\alpha)} \sum_{\kappa_j \geqslant M} S^{\kappa_j/(1-\alpha)} q^{\kappa_j \alpha/(1-\alpha)}$。

根据求 Q 增长率类似的方法，求得 Q_1 和 Q_2 的增长率分别为

$$\gamma_{Q_1} = p_L[q^{\alpha/(1-\alpha)} - 1] - \frac{p_L A_H^{1/(1-\alpha)} \sum_{\kappa_j = M-1} q^{M\alpha/(1-\alpha)}}{Q_1} \tag{3-104}$$

$$\gamma_{Q_2} = p_H[S^{\alpha/(1-\alpha)} q^{\alpha/(1-\alpha)} - 1] + \frac{p_L A_H^{1/(1-\alpha)} \sum_{\kappa_j = M} S^{M\alpha/(1-\alpha)} q^{M\alpha/(1-\alpha)}}{Q_2} \tag{3-105}$$

式（3－104）右侧第一项为总产出的增长率，第二项为由于中间产品质量升级带来的 Q_1 增长率的降低。Q_2 的增长率与方程与 Q_1 的相似，第一项为总产出的增长率，第二项为中间产品质量升级带来的 Q_2 增长率的提升。因此式（3－104）和式（3－105）简化为

$$\gamma_{Q_1} = p_L[q^{\alpha/(1-\alpha)} - 1] - \frac{D_1}{Q_1} \equiv \gamma - \frac{D_1}{Q_1} \tag{3-106}$$

$$\gamma_{Q_2} = p_H[S^{\alpha/(1-\alpha)} q^{\alpha/(1-\alpha)} - 1] + \frac{D_2}{Q} \equiv \gamma + \frac{D_2}{Q} \tag{3-107}$$

其中，$D_1 = p_L A_L^{1/(1-\alpha)} \sum_{\kappa_j = M-1} q^{M\alpha/(1-\alpha)}$， $D_2 = p_L A_H^{1/(1-\alpha)} \sum_{\kappa_j = M} S^{M\alpha/(1-\alpha)} q^{M\alpha/(1-\alpha)}$。对微分方程式（3－106）求解

$$Q_1 = C_1 \exp\left[\int \gamma(t)\,\mathrm{d}t\right] + \Omega \tag{3-108}$$

其中，C_1 为依赖于 Q_1 初始值的常数，且其大于 0，$\Omega \equiv \dfrac{A_L^{\frac{1}{1-\alpha}} \sum_{\kappa_j = M-1} q^{\frac{\kappa_j}{1-\alpha}}}{S^{\frac{1}{1-\alpha}} q^{\frac{\alpha}{1-\alpha}} - 1}$。

同理可得

$$Q_2 = C_2 \exp\left[\int \gamma(t)\,\mathrm{d}t\right] - J \tag{3-109}$$

其中，C_2 为依赖于 Q_2 初始值的常数，且其大于 0，$J \equiv \dfrac{A_H^{\frac{1}{1-\alpha}} \sum_{\kappa_j = M} S^{\frac{\kappa_j}{1-\alpha}} q^{\frac{\kappa_j \alpha}{1-\alpha}}}{S^{\frac{1}{1-\alpha}} q^{\frac{\alpha}{1-\alpha}} - 1}$。

把 Q_1 和 Q_2 的表达式代入 $G(t)$，得

$$G(t) = \frac{C_2\exp\left[\int\gamma(t)\mathrm{d}t\right] - J}{C_1\exp\left[\int\gamma(t)\mathrm{d}t\right] + \Omega} \tag{3-110}$$

工资差距 G 对时间 t 求导为

$$G'(t) = \frac{\overbrace{\exp\left[\int\gamma(t)\mathrm{d}t\right]}^{+}\overbrace{(C_2\Omega + C_1 J)}^{+}}{\underbrace{\left\{C_1\exp\left[\int\gamma(t)\mathrm{d}t\right] + \Omega\right\}^2}_{+}} > 0 \tag{3-111}$$

因此，大学毕业生和非大学毕业生的工资差距将随着时间的推移而上升。

当发展中国家经过长时间的发展而追赶上发达国家后，即当时间 t 趋近于无穷时，对 $G(t)$ 取极限，得

$$G = \frac{C_2}{C_1} \tag{3-112}$$

因此，最终大学毕业生和非大学毕业生的工资比例将随着时间的推移逐渐趋近于某一定值，而这一定值将依赖于初始状态的工资差距。

我们得到命题 3.9。

命题 3.9 在技术引进过程中，大学毕业生的工资将较经济增长更快，而非大学毕业生的工资较经济增长略慢，所以两种劳动者将会存在工资差距。但是随着技术引进速度的降低，发展中国家的大学毕业生和非大学毕业生工资差距虽不断扩大，但最终两种劳动者的工资比例将趋于某一定值。

（三）发展中国家两种劳动者的工资和就业

现在我们放宽完全就业的假设，假设非大学毕业生和大学毕业生根据保留工资就业，即如果市场的均衡工资大于大学毕业生的保留工资，大学毕业生选择就业；如果市场工资低于保留工资，大学毕业生选择不就业。此外，假设非大学毕业生和大学毕业生的保留工资服从概率密度函数为 $g_L(s)$ 和 $g_H(s)$ 的分布，则非大学毕业生和大学毕业生的就业人数 L^* 和 H^* 分别为

$$L^* = L\int_0^{w_L} g_L(s)\mathrm{d}s,\quad H^* = H\int_0^{w_H} g_H(s)\mathrm{d}s \tag{3-113}$$

其中，L 和 H 为外生的非大学毕业生和大学毕业生总人数。

因此，就业率为 $\int_0^{w_L} g_L(s)\mathrm{d}s$，$\int_0^{w_H} g_H(s)\mathrm{d}s$

根据工资方程式（3－101）和式（3－102）和 Q_1、Q_2的方程式（3－108）、式（3－109），得到非大学毕业生和大学毕业生工资的方程分别为

$$w_L = \alpha^{2\alpha/(1-\alpha)}\left\{C_1\exp\left[\int\gamma(t)\mathrm{d}t\right] + \Omega\right\} \tag{3-114}$$

$$w_H = \alpha^{2\alpha/(1-\alpha)}\left\{C_2\exp\left[\int\gamma(t)\mathrm{d}t\right] - J\right\} \tag{3-115}$$

w_L的方程表明，非大学毕业生的工资随着经济增长而上升，最终其增长速度等于经济增长率 γ。根据 w_L不断增加的结论和保留工资服从正态分布的假设，非大学毕业生的就业人数将不断增加，就业率不断上升。

w_H的方程表明，大学毕业生的工资随着发展中国家的经济增长而上升。由于 γ 不断下降直至最终与发达国家的经济增长率相当，大学毕业生工资增长率将不断下降，最终下降到与经济增长率相等。

为了简化模型，我们假设 $g_L(s)$ 和 $g_H(s)$ 分别服从［0，b_L］和［0，b_H］的平均分布。

在放弃完全就业的假设后，我们重新求得相应的大学毕业生和非大学毕业生的工资，并根据平均分布的假设求得相应的非大学毕业生和大学毕业生就业率分别为

$$\frac{\alpha^{2\alpha/(1-\alpha)}\left\{C_1\exp\left[\int\gamma(t)\mathrm{d}t\right] + \Omega\right\}}{b_L} \tag{3-116}$$

$$\frac{\alpha^{2\alpha/(1-\alpha)}\left\{C_2\exp\left[\int\gamma(t)\mathrm{d}t\right] - J\right\}}{b_H} \tag{3-117}$$

非大学毕业生和大学毕业生就业人数分别为

$$L^* = \frac{L\alpha^{2\alpha/(1-\alpha)}\left\{C_1\exp\left[\int\gamma(t)\mathrm{d}t\right] + \Omega\right\}}{b_L} \tag{3-118}$$

$$H^* = \frac{H\alpha^{2\alpha/(1-\alpha)}\left\{C_2\exp\left[\int\gamma(t)\mathrm{d}t\right] - J\right\}}{b_H} \tag{3-119}$$

式（3－118）和式（3－119）表明，非大学毕业生总人口越多，经济增长越快，非大学毕业生就业人数越多。大学毕业生总人口越多，经济增长越快，大学毕业生就业人数越多。

综上所述，我们得到命题3.10。

命题3.10　发展中国家经济增长过程中，大学毕业生和非大学毕业生的工资

都将不断增加，其中大学毕业生的工资增长率将不断下降，非大学毕业生的工资增长率不断上升，最终两者的工资增长率将与经济增长率持平。由于大学毕业生工资的增长率不断下降，经济增长引致的大学毕业生就业人数增加额将不断减少，即发展中国家经济增长对大学毕业生就业的改善作用不断弱化。

第三节　中间产品质量升级与大学毕业生就业的数值模拟

为了更加清晰地说明模型结论，并检查模型与现实的拟合程度，下面选取参数的经验值，对经济增长率、大学毕业生和非大学毕业生的工资差距、大学毕业生就业率进行模拟。为了避免赘述，我们只对第一节的模型进行校准与模拟。

一、参数设定及实际数据来源

（一）参数的设定

需要根据经典文献设定的参数有生产的资本贡献率 α、反映消费者对平滑消费偏好程度的参数 θ、反映消费者时间偏好的参数 ρ。有关发展中国家的最新研究认为 $\alpha=0.333$（King 和 Rebelo，1999；Kodama，2012）。根据已有的文献设定 $\theta=2$、$\rho=0.02$（肖文和唐兆希，2012）。

为保证校准的简洁、有解，根据参数的含义，我们令全要素生产率 $A=1$。我们把发达国家的研发交易成本标准化为 1，即设 $\zeta_0=1$。式（3－26）中的总科技水平指数增长率 γ_Q，我们将用模拟的 1997～2008 年的平均值代替，$\gamma_Q=0.0867$。

由于十一届三中全会是在 1978 年 12 月召开的，我们把 1979 年作为中国改革开放的第 1 年，即，1979 年 $t=1$，1980 年 $t=2$，其余年份以此类推。

（二）实际数据来源

大专以上人口就业人数 H^* 为《中国统计年鉴》中的就业人口乘以《中国劳

动统计年鉴》中的就业者中大专以上文化程度的工人所占的比例之积。大专以下的就业人数 L^* 为《中国统计年鉴》中的就业人口乘以《中国劳动统计年鉴》中的就业者中高中及以下文化程度的工人所占的比例之积。非大学毕业生就业人数增长率 n_L、总就业人数增长率 n 都是根据《中国统计年鉴》和计算获得的数据求得的。

经济增长率的实际数据来源于各年的《中国统计年鉴》。大学毕业生总人数 H 为根据《中国统计年鉴》中有关人口构成的数据计算出 6 岁以上大学毕业生人口的总数量，之后利用教育部网站的数据获得大专以上学历的在校生人数，前者与后者之差我们计为大学毕业生总人数 H。

由于缺乏不同受教育水平工人工资的数据，我们用大专以上学历的工人占比最高的三个行业（金融、文体、科学研究）的平均工资表示大学毕业生的工资，用大专以下学历的工人占比最高的三个行业（农业、采掘业、建筑业）的平均工资作为非大学毕业生的工资。由于统计口径的变化，此数据只有 1996 ~ 2008 年的数据。为了使实际工资的数据更加准确，我们根据历年的 CPI 对工资进行调整。

二、校准

模型中研发交易成本的初始值参数 B、外生增长率 b、科技水平参数 q 和总科技水平指数 Q 的初始值 Q_0 需要根据实际值进行校准。我们利用式（3 - 28）、大学毕业生数量 H、非大学毕业生就业人数增长率 n_L、实际经济增长率校准 B、b、q。用式（3 - 30）、非大学毕业生工资实际值校准 Q_0。

（一）B、b、q 的校准

鉴于数据的可得性和与模型的契合性，我们把大专以上学历就业的劳动者看作大学毕业生 H，把具有大专以下学历就业的劳动者看作非大学毕业生 L。把两者的工资之比作为大学毕业生和非大学毕业生的工资差距。

利用现实的数据，我们对经济增长率方程式（3 - 28）中的参数 B、b 和 q 进行校准。考虑到经济增长率方程式（3 - 28）的隐含假设为完全就业，我们利用实际就业人数而不是具有大专以上学历的全部人口数量进行校准。但是有关大专以上学历就业人数和大专以下学历就业人数的统计数据最早始于 1996 年，由此计算的大专以下学历就业人数增长率 n_L 的数据起始年份必为 1997 年，所以我们

利用的数据为 1997 ~ 2010 年的数据。鉴于需校准参数只有三个，即 B、b 和 q，我们利用起始、中间、结束即 1997 年、2003 年、2010 年的数据对模型进行校准。利用 MATLAB 程序，得到校准结果：$(B, b, q) = (0.0066, 0.2448, 6.1070)$。

（二）Q_0的校准

我们用非大学毕业生工资方程式（3 - 30）来校准 Q_0。校准结果为总科技水平指数 $Q = Q_0\exp(\gamma_Q t)$ 的初始值 $Q_0 = 3325.4$。

三、数值模拟

（一）经济增长

我们利用已经校准的参数，把 1997 ~ 2010 年大专以上学历就业人数作为 H、非大学毕业生就业人数增长率 n_L、$\zeta_0 = 1$、$\alpha = 0.333$ 代入式（3 - 28）对中国的经济增长进行模拟。为了与实际增长率比较，我们同时给出了 1997 ~ 2010 年的实际经济增长率，模拟和实际数据如图 3 - 1 所示。横轴表示年份，纵轴表示增长率。

图 3 - 1 表明模拟的结果与实际增长率大致趋势相同。令人惊讶的一点是，虽然我们忽略了资本、外贸、总人口数量，而只考虑具有大专以上学历就业人数、大专以下学历就业人数增长率这两个因素，但是却基本模拟出与实际经济增长相近的结果。这说明，中国当前的经济增长很大一部分可以用本模型中强调的技术引进来解释，而技术引进的关键即为制造、吸收、使用相关机器的人才，只要具有一定受教育水平数量的劳动者，中国的经济增长将有望持续，而不是像一些悲观的学者预言的那样，中国的经济增长面临是否可以持续的问题。

考虑到我们假设研发交易成本将不断上升，经济增长应当逐步放缓，但是我们发现，模拟的经济增长率维持在 9% 左右。这是由于大专以上人数的增长导致技术引进加速，从而推动了经济增长。

不可否认，此结论有赖于中国与美国等一流国家在整体技术水平上的差距依然巨大这一现实，随着两者差距的缩小，中国的经济增长也必将放缓。但是自从中国高校扩招以来，中国受教育人口数量的显著增长，将极大延缓中国经济走入

低增长的进程。

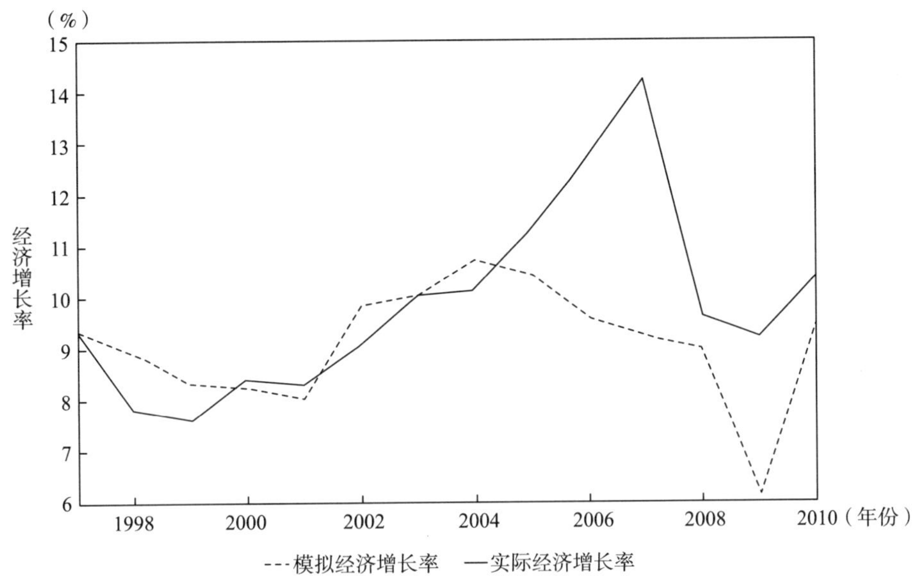

图 3-1 模拟经济增长率与实际经济增长率

资料来源:《中国劳动统计年鉴》《中国统计年鉴》。

由于我们的模型为长期增长模型，没有考虑短期的冲击，所以在存在外部冲击的情况下，模拟值和实际值的差距就会较大。例如，2007 年的冲击为投资的迅速扩张，并且由此导致中央有关经济过热的担忧。

（二）非大学毕业生工资

把校准结果（B，b，q）=（0.0066，0.2448，6.1070）、Q_0 = 3325.4、α = 0.333 代入非大学毕业生工资方程式（3-30）得到模拟结果，同时我们也添加了实际数据与之对比，其结果如图 3-2 所示。

模拟结果与实际结果相符。图像表明，随着中国经济的增长，大专以下工人的工资逐渐上升。这是因为由于技术的进步，工人的生产率逐渐上升，而劳动力市场均衡的条件为工资等于边际产出，由于生产率上升，大专以下工人的边际产出上升，因此工资上升。

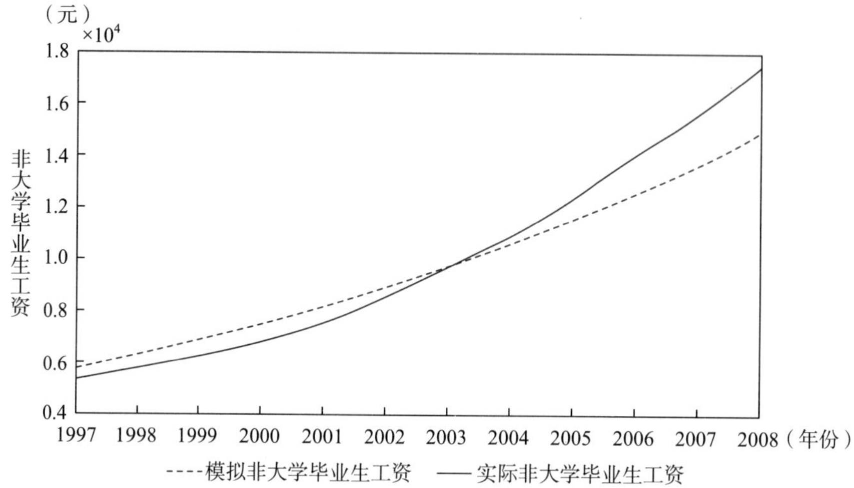

图 3－2　模拟和真实非大学毕业生工资

资料来源：《中国劳动统计年鉴》《中国统计年鉴》。

（三）大学毕业生工资

因为式（3－31）的假设为完全就业，方程中的 H、L 我们都用就业人数替代。把前文（B，b，q，Q_0）的校准结果、$\alpha=0.333$、$\zeta_0=1$、$A=1$、$\gamma_Q=0.0867$、实际的大专以上劳动者就业数量 H、大专以下劳动者就业数量 L、非大学毕业生就业人数增长率 n_L、总就业人数增长率 n 代入大学毕业生工资方程式（3－31），得到模拟结果。为了与真实值相比较，我们在模拟结果中添加了真实数据，结果如图 3－3 所示。

模拟结果显示，自 1997 年开始大专以上工人的工资持续下降，至 2004 年达到谷底，之后转为上升。模拟结果与真实值在 2003 年以前差距较大，同时趋势相反，这可能是因为当时雇用大专以上学历工人的雇主大多为国有企业、政府部门，他们压低了雇员的工资，因此大专以上学历的劳动者工资较低。后来，政府部门、国有企业为了适应市场经济，逐步调整大专以上工人的工资，使之与市场接轨。最终自 2004 年开始模拟的结果与实际结果趋势相同。

（四）大学毕业生与非大学毕业生的工资差距

我们直接利用大学毕业生和非大学毕业生的工资差距方程式（3－32），把（B，b，q）的校准结果、$\theta=2$、$\rho=0.02$、大专以上学历就业劳动者数量作为 H、

大专以下学历就业人数作为 L、非大学毕业生就业人数增长率 n_L、总就业人数增长率 n 代入，得到大学毕业生和非大学毕业生工资差距的模拟结果，并列出两者工资差距的实际值，结果如图 3－4 所示。

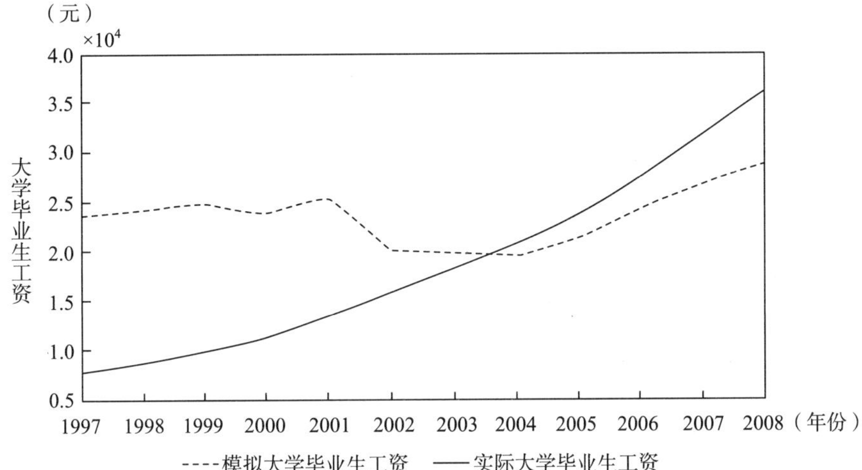

图 3－3　模拟和实际大学毕业生工资

资料来源：《中国劳动统计年鉴》《中国统计年鉴》。

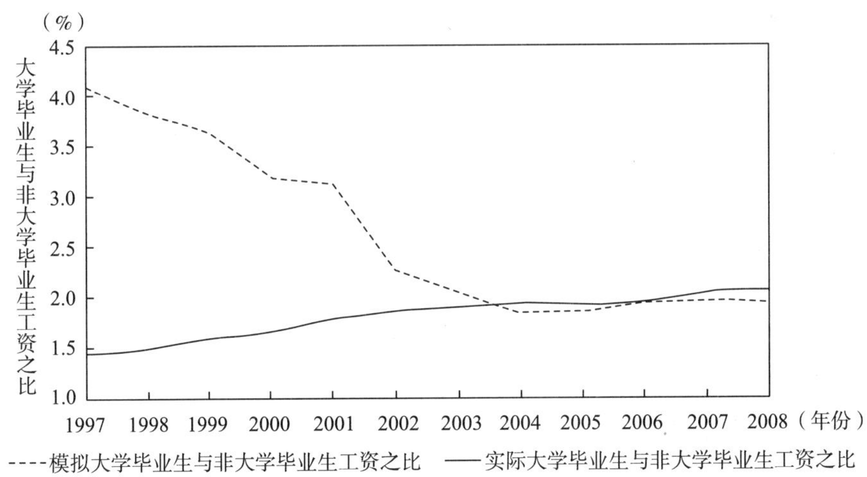

图 3－4　大学毕业生和非大学毕业生工资差距

资料来源：《中国劳动统计年鉴》《中国统计年鉴》。

图 3－4 表明，2003～2008 年的模拟值和实际值几近相同，而 1997～2003 年两者之间的差距较大。1997～2003 年的模拟结果显示，两种劳动力的工资差距不断收窄，这与我们的理论结果相符，但与事实相悖。其原因为雇用绝大多数大专以上学历劳动者的政府和国有企业压低了这些劳动者的工资，后来为了适应市场经济才有所改善。大专以上劳动者的工资由 6 个因素决定：总科技水平指数、大专以下就业人数、总人口增长率、大专以上就业人数、研发交易成本和非大学毕业生增长率，前三者推动工资上升，后三者导致工资下降。在发展中国家的经济增长过程中，研发交易成本的上升，大专以上工人数量的增加和大专以下工人数量的减少都导致大学毕业生工资下降。大专以下劳动者的工资与总科技水平指数增长同步，因此两者的工资差距将逐步收窄。但是根据人力资本理论，最终两种劳动者的工资之差将为接受高等教育的成本。滕瑜和朱晶（2011）也发现，从 2004 年开始，工业部门中，大学毕业生和非大学毕业生工资的差距在逐渐缩小。模拟结果也与马颖和秦永（2008）的理论模型得出的结论一致。

（五）大学毕业生就业模拟

大学毕业生就业人数方程式（3－37）转换为

$$H^* = \frac{HL^* A^{1/(1-\alpha)}\left(\dfrac{1-\alpha}{\alpha}\right)\alpha^{2/(1-\alpha)}\left[q^{\alpha/(1-\alpha)}\right]}{b_H\{H^*\theta[q^{\alpha/(1-\alpha)}-1]+\zeta[\theta(n_L-n)+\rho]+H^*\}}\cdot Q_0\cdot \exp(\gamma_Q t) \tag{3－120}$$

我们先利用大学毕业生就业人数方程式（3－120）和 2003 年的数据校准 b_H。其中，H^* 为大学毕业生就业人数；L^* 为非大学毕业生就业人数；H 为全体大学毕业生人数；n_L 为非大学毕业生就业人数增长率；n 为用全部就业人数的增长率。校准结果表明，大学毕业生工资上限 b_H为 21286 元。

把 1997 年的非大学毕业生就业人数 L^*、校准的大学毕业生工资上限 b_H、1997 年 ζ 值、1997 年非大学毕业生就业人数增长率 n_L、全部就业人数增长率 n、大学毕业生总人数 H 代入方程式（3－120）得到 1997 年大学毕业生就业人数。大学毕业生就业人数与大学毕业生总人数之比为就业率。同理可得 1998～2008 年的模拟大学毕业生就业率。图 3－5 给出了模拟的大学毕业生就业率和实际的大学毕业生就业率。

1997～2001 年模拟的值大于实际值。这可能是由于 1997～2001 年虽然市场对大学毕业生的需求很旺盛，但是由于此前绝大多数大学毕业生都在政府、事业

单位、国有企业就业，新毕业的大学毕业生受传统思想的禁锢，他们宁愿选择继续在国有企业和政府部门求职，而不就业，因此模拟大学毕业生的就业率高于实际大学毕业生的就业率。

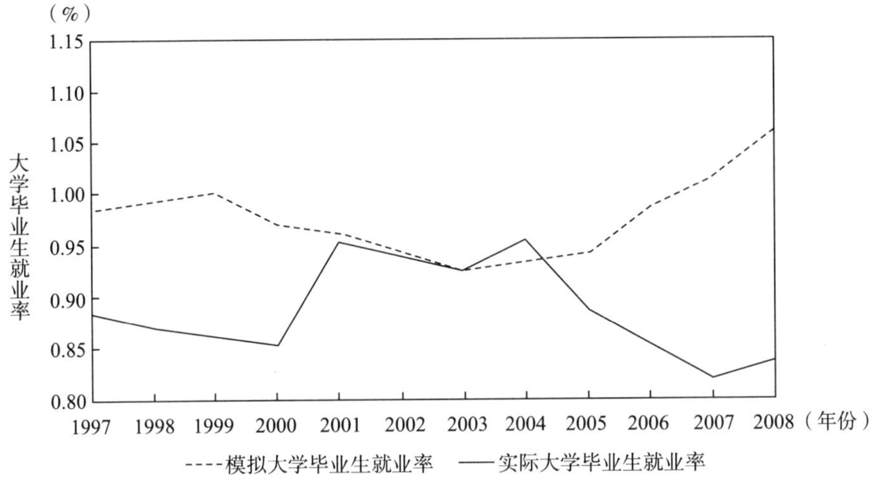

图 3－5　大学毕业生就业率

资料来源：《中国劳动统计年鉴》《中国统计年鉴》。

2001～2004 年的模拟大学毕业生就业率和实际就业率拟合得较好。虽然大学毕业生有在政府、国有企业就业的传统，但是随着国有企业大规模的减员增效，很多此前在国有企业就业的大学毕业生都失业了。民营企业经营管理日益完善，待遇逐渐改善，大学毕业生不得不转变观念，选择在民营企业就业，因此 2001～2004 年模拟的大学毕业生就业率和实际值大致相当。

2005～2008 年模拟的大学毕业生就业率较高，而实际的就业率较低。我们认为，造成这一结果的原因为大学毕业生的保留工资上升。由于人们生活条件的改善，大学毕业生宁愿继续寻求较好的工作岗位，也不愿屈就，在较差的工作岗位就业。此时市场对大学毕业生的需求虽然很旺盛，但是工作岗位更多的是薪水较低的工作或民营企业等相对较差的岗位。因此，很多大学毕业生选择失业。最终造成模拟的大学毕业生就业率高于实际的大学毕业生就业率。

模拟的就业率高于 1 的原因有两个：①平均分布的假设与事实不符。在平均分布的假设下，只要模拟的工资高于校准的保留工资上限，则模拟就业率必然大于 1。如果我们假设大学毕业生的保留工资服从正态分布这样的长尾分布，那么即使模拟的工资非常高，由于其保留工资上限为∞，因此就业率必然小于1。②用来校准的就业率在2003年较高，因此造成校准的保留工资上限较小，造成模拟的就业率高于1。图3－5表明大学毕业生在2003年的就业率较高，方程式（3－120）表明较高的实际就业率导致校准的保留工资上限较小。因此，模拟的就业率高于1。

第四节 研究结论

不同于以往的中间产品质量升级的内生增长模型，我们提出，首先，随着发展中国家与发达国家技术水平差距的缩小，发展中国家从发达国家引进技术的障碍将日益扩大。其次，中间产品研发的主体为熟练劳动力，而不是简单的资本投入。最后，我们提出高端的机器应当由高素质的劳动者（大学毕业生）操作。

我们得到以下五个重要结论：

第一，中间产品质量升级的技术进步可以提升大学毕业生的就业人数。在大学毕业生负责研发新中间产品（机器）的情况下，中间产品的质量越高，研发企业获得的利润越大，企业对大学毕业生的需求越多，企业雇用的大学毕业生人数就越多。

第二，发展中国家随着引进技术难度的加大，单位时间内新增的就业人数在下降。发展中国家由于主要通过从发达国家引进技术推动中间产品的质量升级，随着发展中国家与发达国家技术水平差距的收窄，发展中国家的技术进步将逐渐放缓，企业对大学毕业生的需求增量减小，单位时间内新增的大学毕业生就业人数下降。

第三，发展中国家的经济增长将随着与发达国家的技术水平差距的缩小而放缓，但是充分发挥高素质人群研发新中间产品的能力可以有效抑制经济增长放缓。因为最初发展中国家与发达国家的技术水平差距较大，故其可以利用现有的技术实现跨越式发展。已有的文献证明创新的扩散服从先快后慢的Logistic方程，由此发展中国家的经济增长将先快后慢。当发展中国家达到发达国家的科技水平后，其经济将与发达国家同步增长。中间产品的升级成为经济增长源动力的情况下，不断研发新的中间产品则可以达到持续推动经济增长的目标。研发最为关键的投入不是资本，而是高素质的人才，只要发展中国家能够发挥自己的人才优势，减少控制企业的审批，营造公平的司法环境，必然能够激发出科研人员的创造力，能够使整个国家的创新源源不断，更能够推动整个国家的经济增长。

第四，大学毕业生人数的增加可以促进经济增长。更多的大学毕业生提升中间产品研发的成功概率，促进技术进步，推动经济增长。同时大学毕业生人数越多，研发的利润越高，吸引更多的企业投入研发，技术进步更快，经济增长越快。

第五，发展中国家大学毕业生与非大学毕业生的工资差距的变化是不确定的。在由大学毕业生研发中间产品的方程中，大学毕业生和非大学毕业生的工资差距将随着技术引进难度的加大而不断下降，并随着大学毕业生在总人口的比例上升而进一步下降。在大学毕业生和高级机器匹配的模型中，大学毕业生与非大学毕业生的工资差距随着中间产品的质量升级而不断上升，最终两者的工资差距趋向一个定值，而这一定值依赖于历史上的工资差距。

第四章 中间产品种类增加与大学毕业生就业模型

中间产品种类的增加是除中间产品质量升级之外另一个推动技术进步的方式。本章提出两个中间产品种类增加的数理模型，以探讨技术进步与大学毕业生就业之间的关系。

第一个模型为劳动推动的中间产品种类增加模型。基于 Acemogu 和 Zilibotti（2001）模型的基本框架，我们假设劳动而不是资本成为投入研发的最重要生产要素，在此假设下，我们得到均衡增长路径。同时，我们考虑发展中国家的技术引进服从先快后慢的规律，在均衡增长路径下，我们分析了技术进步与大学毕业生就业、工资的关系。此外我们分析了发展中国家大学毕业生和非大学毕业生工资差距的变化过程及经济增长的动态过程。我们发现，技术进步可以扩大市场对大学毕业生的需求，有利于大学毕业生就业。工资差距将随着经济增长逐渐放缓逐步缩小。

第二个模型为资本推动的中间产品种类增加模型。我们利用 Acemogu 和 Zilibotti（2001）模型的基本框架，考虑发展中国家技术引进服从先快后慢的假设，得到新的经济增长模型。我们发现，在均衡增长路径下，技术进步有利于扩大市场对大学毕业生的需求，增加大学毕业生的就业人数；大学毕业生和非大学毕业生的工资差距将保持为某一定值，经济增长逐渐放缓。

最后，我们对两个模型的结论给予总结。

第一节 劳动推动中间产品种类增加与大学毕业生就业

这一节我们继承上一章关于劳动力市场分割的思想，建立一个动态的模型来分析大学毕业生失业问题产生的原因，并分析技术进步对大学毕业生就业、工资、经济增长的影响。在这个模型中中间产品种类的增加主要表现为机器种类的增加。

一、经济增长模型

（一）总产出

我们接受 Acemogu 和 Zilibotti（2001）模型的基本框架，但假设熟练劳动力即大学毕业生为推动研发的最重要生产要素。

我们假设劳动力分成两种，即非大学毕业生、大学毕业生，分别用 L、H 表示整个国家的非大学毕业生和大学毕业生的数量。

假设在时间 t 代表性消费者的效用函数为

$$\int_t^{\infty} \frac{C(\tau)^{1-\sigma}-1}{1-\sigma}\exp[-\rho(\tau-t)]\mathrm{d}\tau \qquad (4-1)$$

其中，$C(\tau)$ 为在时间 τ 的消费；ρ 为折现率。

假设只有一种最终产品，并且满足如下约束方程

$$C+I \leqslant Y \equiv \exp\left[\int_0^1 \ln y(i)\mathrm{d}i\right] \qquad (4-2)$$

其中，I 是机器的投资；$y(i)$ 表示在第 i 个部门的产出，$i\in[0,\ 1]$。把消费的价格标准化为 1。

第一，假设最终产品用非大学毕业生和机器匹配进行生产。第二，每个部门雇用的非大学毕业生人数为 $l(i)$。假设最终产品 i 的生产函数为柯布—道格拉斯函数形式

$$y(i) = \left[\int_0^N k(i,v)^{1-\beta}\mathrm{d}v\right][l(i)]^{\beta} \qquad (4-3)$$

其中，$k(i,\ v)$ 为第 v 种机器在第 i 个部门使用的数量；N 为机器种类的数量。

假设最终产品市场是完全竞争的，企业是价格接受者，第 i 个部门的生产者的收益为

$$p(i)y(i) - w_L l(i) - \int_0^N \chi(v)k(i,v)\mathrm{d}v \qquad (4-4)$$

其中，$p(i)$ 为最终产品的价格；w_L 为非大学毕业生的工资；$\chi(v)$ 为机器的

租金。利润最大化收益函数，有关非大学毕业生工资、机器需求的一阶条件为

$$w_L = p(i)\beta\left[\int_0^N k(i,v)^{1-\beta}\mathrm{d}v\right][l(i)]^{\beta-1} \tag{4-5}$$

$$k(i, v) = \{(1-\beta)\cdot p(i)\cdot[l(i)]^{\beta}/\chi(v)\}^{1/\beta} \tag{4-6}$$

从式（4-5）可以看出，产品价格越高，非大学毕业生工资越高；固定资本 $\int_0^N k(i,v)^{1-\beta}\mathrm{d}v$ 越多，非大学毕业生工资越高；雇用的非大学毕业生越多，工资越低。从式（4-6）可以看出，产品价格 $p(i)$ 越高，机器的需求量越大；机器的租金 $\chi(v)$ 越高，机器的需求量越小；雇用的非大学毕业生数量越多，机器的需求越大。

制造机器的企业都是垄断者，假设机器立即折旧；假设制造所有机器的边际成本为定值，并且为 θ 单位的最终产品。机器制造企业的利润方程为

$$\pi(v) = [\chi(v)-\theta]\int_0^1 k(i,v)\mathrm{d}i \tag{4-7}$$

从式（4-6）可以看出，$k(i, v)$ 的需求弹性为 β。企业最大化自己的利润，根据一阶条件可得机器的价格

$$\chi(v) = \theta/(1-\beta) = \chi \tag{4-8}$$

把机器的边际成本标准化为

$$\theta \equiv \delta^{\beta/(1-\beta)}(1-\beta)^2 \tag{4-9}$$

其中，参数 δ 表示资本的价格，则机器的价格为

$$\chi = \delta^{\beta/(1-\beta)}(1-\beta) \tag{4-10}$$

把机器的价格方程 $\chi = \delta^{\beta/(1-\beta)}(1-\beta)$ 代入式（4-6），再把其结果代入式（4-3），可以得出最终产品的产出方程

$$y(i) = \delta^{-1}p(i)^{(1-\beta)/\beta}N\cdot l(i) \tag{4-11}$$

从式（4-8）中可以看出，N 的增加可以提高非大学毕业生的生产率。

引理：每一个部门雇用的工人数量 $l(i)$ 都是 L，产品的价格 $p(i)=1$。

证明：

把机器的价格 $\chi = \delta^{\beta/(1-\beta)}(1-\beta)$ 代入式（4-6），可得第 v 种机器的需求为

$$k(i, v) = \frac{p(i)^{1/\beta}\cdot l(i)}{\delta^{1/(1-\beta)}} \tag{4-12}$$

把第 v 种机器的需求方程式（4-12）代入非大学毕业生工资方程式（4-5），得到新的非大学毕业生工资方程

$$w_L = \beta[\delta^{-1}p(i)^{1/\beta}N] \tag{4-13}$$

由于中间产品 $y(i)$ 的市场是完全竞争的，其价格 $p(i)$ 将由边际产出决定，即

$$p(i)=\frac{\partial Y}{\partial y}=\frac{Y}{y(i)} \tag{4-14}$$

总产出为

$$Y=p(i)y(i) \tag{4-15}$$

把第 i 个部门的产出方程式（4-8）代入总产出方程式（4-15）得到新的总产出方程为

$$Y=[\delta^{-1}p\ (i)^{1/\beta}N]l(i)=\frac{1}{\beta}\cdot w_L\cdot l(i) \tag{4-16}$$

式（4-16）表明，$l(i)=\beta Y/w_L$，即各个部门对劳动力的需求不依赖于 i。因此各个部门雇用的工人数量将完全一样。由于劳动力市场必然出清，则第 i 个部门雇用的工人数量为

$$l(i)=l=\frac{L}{1}=L \tag{4-17}$$

把雇用劳动力数量方程式（4-17）代入总产出方程式（4-16），得到价格与总产出的关系为

$$p(i)=\left(\frac{\delta Y}{NL}\right)^{\beta} \tag{4-18}$$

第 i 个部门的产品价格方程式（4-15）表明，产品 $y(i)$ 的价格与 i 无关，即所有产品 $y(i)$ 的价格都相等，我们设各种产品 $y(i)$ 的价格都为 P。

与 Acemogu 和 Zilibotti（2001）模型的假设相同，我们把价格标准化为 1，即

$$\exp\left[\int_0^1 \ln p(i)\,\mathrm{d}i\right]=1 \tag{4-19}$$

把式（4-18）代入式（4-19）得到产品 $y(i)$，$i\in[0,1]$ 的价格为

$$p(i)\equiv P=1 \tag{4-20}$$

故各种产品 $y(i)$ 的价格都是 1。

把 $y(i)$ 的价格为 1 的结论代入总产出方程 $Y\equiv\exp\left[\int_0^1 \ln y(i)\,\mathrm{d}i\right]$，得

$$Y=\delta^{-1}NL \tag{4-21}$$

式（4-21）表明，资本价格 δ 越高，机器的价格越高，最终产品的生产部门 i 购买的机器数量越少，部门 i 的产出少，总产出越低；如果中间产品种类 N 较多，部门 i 在机器上的总投资将更高，总产出更高；非大学毕业生人数越多，

部门 i 雇用的工人越多，总产出就越高。

（二）研发

设在时间 t 研发成功机器 v 的垄断企业的产品收益现值为 $V(v,\ t)$。在均衡状态，研发所有机器的收益都应当相同，所以把 $V(v,\ t)$ 简写为 $V(t)$，则

$$V(t) = \int_t^{\infty} \exp\left[-\int_t^{\tau} r(\omega)\,\mathrm{d}\omega\right]\pi(\tau)\,\mathrm{d}\tau \tag{4-22}$$

其中，$r(\tau)$ 为在时间 τ 的利率；$\pi(\tau)$ 为利润流，由方程式（4-7）、方程式（4-9）、方程式（4-17），可得

$$\pi(\tau) = (\chi - \theta)\int_0^1 k(i)\,\mathrm{d}i = \frac{\theta\beta}{(1-\beta)} \cdot \frac{L}{\delta^{1/(1-\beta)}} \tag{4-23}$$

把 θ 代入利润流方程式（4-23），得

$$\pi = \delta^{\beta}(1-\beta)\beta L \tag{4-24}$$

从利润流式（4-24）可以看出，较高的资本价格 δ 提升了研发企业出售的机器的净利润（价格、成本之差），虽然其销售机器的数量较少，但是前者占主导地位，研发企业获得的利润流 π 较大；劳动对产出的贡献 β 越大，研发企业销售单个机器获得的净利润越大，利润流 π 越丰厚；非大学毕业生人数越多，有更多的工人可以和机器匹配，最终产品的生产企业购买的机器越多，研发企业获得的利润流 π 越高。

（三）经济增长

研发成功第 v 种机器的企业单位时间获得的利润为

$$\prod = p \cdot \pi - w_H h_v \tag{4-25}$$

其中，p 为单位时间研发成功的概率；h_v 为第 v 种机器研发企业雇用大学毕业生的数量。

研发企业雇用的大学毕业生越多，研发成功的概率越大；但是随着雇用人数的增加，其边际研发成功概率下降，因此，设研发成功的概率为

$$p \equiv \frac{h_v^a}{\zeta} \tag{4-26}$$

其中，ζ 为与制度等因素相关的研发交易成本，ζ 越大，则研发的交易成本越高，如国家的知识产权保护力度越小、审批等各种制约因素越多，ζ 越大，研发成功的概率越小。$0 \leqslant a \leqslant 1$ 表示随着雇用人数的增加，研发成功的边际概率

下降。

把研发成功概率方程式（4－26）代入方程式（4－25），得研发成功第 v 种机器的企业单位时间获得的利润

$$\prod = \frac{h_v^a}{\zeta} \cdot \pi - w_H h_v \tag{4－27}$$

研发的企业根据利润最大化的标准雇用大学毕业生，即 $\max\limits_{h_v}\left(\frac{h_v^a}{\zeta} \cdot \pi - w_H h_v\right)$，一阶条件为

$$\frac{a h_v^{a-1}}{\zeta} \cdot \pi - w_H = 0 \tag{4－28}$$

根据一阶条件可得研发企业雇用大学毕业生的数量为

$$h_v = \left(\frac{a\pi}{\zeta w_H}\right)^{1/(1-a)} \tag{4－29}$$

我们设研发企业的个数为 $M \in [0, H]$，方程式（4－29）两侧同时乘以 M，求得大学毕业生的工资为

$$w_H = \frac{a\pi}{\zeta} \cdot \left(\frac{M}{H}\right)^{1-a} \tag{4－30}$$

把利润流方程式（4－24）代入工资方程式（4－30），得

$$w_H = \frac{a\beta(1-\beta)\delta^{\beta} M^{1-a} L}{\zeta H^{1-a}} \tag{4－31}$$

如果非大学毕业生 L、研发的企业数量 M 越多，对大学毕业生的需求越多，大学毕业生工资越高。如果大学毕业生的供给 H 越多，其工资越低。

总产出方程式（4－18）表明经济增长率由中间产品种类数量 N 决定。由方程式（4－18）决定的经济增长率为

$$g = \frac{\Delta N}{N} = \frac{M \cdot p}{N} = \frac{M\ (H/N)^a}{\zeta N} = \frac{M^{1-\alpha} H^{\alpha}}{\zeta N} \tag{4－32}$$

在均衡增长路径下，经济增长必然是一个定值。因此，我们设 $M = N^{1/(1-a)}$，则经济增长率为

$$\gamma = \frac{H^a}{\zeta} \tag{4－33}$$

由此得到以下命题：

命题 4.1 大学毕业生人数越多，参与研发的人员越多，研发成功的概率越高，经济增长越快。研发的交易成本 ζ 越大，研发成功的概率越低，经济增长越慢。

我们可以得到家户在最大化自己的效用时，其消费的增长率为

$$\gamma_C = (1/\theta)(r-\rho) \tag{4-34}$$

其中，r 为利率。

$Y=C+I$，其中 I 为在所有机器上的投资，在均衡增长路径下，消费 C、总产出 Y 和机器的种类数量 N 的增长率相同，即，$\gamma_C=\gamma$，即

$$(1/\theta)(r-\rho)=\frac{H^{\alpha}}{\zeta} \tag{4-35}$$

均衡的利率 r 为

$$r=\frac{H^{\alpha}\theta}{\zeta}+\rho \tag{4-36}$$

这说明，大学毕业生 H 越多，利率越高；研发交易成本 ζ 越高，利率越低。

二、发展中国家的经济增长、工资和就业

（一）经济增长

与上一章的假设相同，因为最初发展中国家和发达国家之间存在技术鸿沟，因而其引进新中间产品的交易成本较低，但是随着发展中国家与发达国家技术水平差异的缩小，其模仿发达国家研发中间产品的交易成本将不断升高，当其达到发达国家技术水平时，其研发新的中间产品的交易成本将与发达国家完全相同，甚至更高。根据有关技术扩散的文献（Marchetti，1988，1996；Ayres 和 Robert，1990a，1990b；Grübler 和 Arnulf，1990），设发展中国家的研发交易成本服从 Logistic 方程，即

$$\frac{\mathrm{d}\zeta(t)}{\mathrm{d}t}=b\zeta\left(1-\frac{\zeta}{\zeta_0}\right) \tag{4-37}$$

其中，ζ_0 为发达国家的研发交易成本，并始终满足 $\zeta_0 \geqslant \zeta$，b 为研发交易成本外生的变化率，因此 $b>0$。通解为：

$$\zeta=\zeta_0\frac{B\mathrm{e}^{bt}}{1+B\mathrm{e}^{bt}} \tag{4-38}$$

其中，B 为 ζ 初始值决定的参数，由于 $\zeta_0 \geqslant \zeta$，必有 $B>0$。

把 ζ 的表达式代入经济增长率方程式（4-33），得到发展中国家通过技术引进推动经济增长的表达式

$$\gamma = \frac{H^a(1+Be^{bt})}{\zeta_0 Be^{bt}} \tag{4-39}$$

根据方程式（4－39）我们得到命题4.2。

命题4.2　由于发展中国家技术的引进服从先快后慢的Logistic方程，其发展具有后发优势，经济增长将先快后慢。当科技水平与发达国家持平后，其增长将与发达国家同步。

命题4.2的结论验证了学者的研究成果（郭熙保，2000；林毅夫和张鹏飞，2005），并用规范的经济学方法阐述了逻辑关系。

（二）工资差距

根据非大学毕业生工资方程式（4－13）和中间产品价格为1的结论，我们得到非大学毕业生工资方程

$$w_L = \beta\delta^{-1}N \tag{4-40}$$

机器种类N越大，非大学毕业生需求越多，工资越高。投资的成本δ越高，愿意进行投资的企业越少，非大学毕业生需求越小，工资越低。

把$M = N^{1/(1-a)}$代入大学毕业生工资方程式（4－31），得到大学毕业生工资为

$$w_H = a\beta(1-\beta)\delta^\beta \cdot \frac{LN}{\zeta H^{1-a}} = a\beta(1-\beta)\delta^\beta \cdot \frac{LN}{H} \cdot \frac{H^a}{\zeta} \tag{4-41}$$

方程式（4－41）表明，机器种类N越多，进行研发的企业越多，大学毕业生的边际产出越大，大学毕业生工资越高；非大学毕业生L越多，研发获得利润越高，大学毕业生的回报越大；大学毕业生供给H越多，工资越低；研发相关的成本ζ越高，研发企业的利润越低，大学毕业生工资越低。

两者的工资差距为

$$G = \frac{a(1-\beta)\delta^{1+\beta}L}{\zeta H^{1-a}} \tag{4-42}$$

非大学毕业生L越多工资差距越大，大学毕业生H越多工资差距越小。工资差距随着技术引进交易成本ζ不断地上升而持续下降，最终由之导致的工资差距为一定值。

综上所述，我们可以得到有关发展中国家大学毕业生和非大学毕业生工资、工资差距的命题。

命题4.3　大学毕业生和非大学毕业的工资随着经济增长同步提高。研发交易成本越高，大学毕业生工资越低。由于发展中国家在技术引进的过程中研发交

易成本不断上升，大学毕业生的工资将因此有所下降。因此，大学毕业生和非大学毕业生工资的差距将逐渐缩小。

（三）就业

与上一章相同，我们放宽完全就业的假设，设非大学毕业生和大学毕业生根据保留工资就业，即如果市场的均衡工资大于大学毕业生的保留工资，大学毕业生选择就业；如果市场工资低于其保留工资，大学毕业生选择不就业。

此外，假设非大学毕业生和大学毕业生的保留工资服从概率密度函数为 $g_L(s)$ 和 $g_H(s)$ 的分布，则非大学毕业生和大学毕业生的就业人数 L^* 和 H^* 分别为

$$L^* = L\int_0^{w_L} g_L(s)\mathrm{d}s,\quad H^* = H\int_0^{w_H} g_H(s)\mathrm{d}s \tag{4-43}$$

就业率为 $\int_0^{w_L} g_L(s)\mathrm{d}s$，$\int_0^{w_H} g_H(s)\mathrm{d}s$。

对大学毕业生工资方程式（4-41）取对数，并求导，得

$$\frac{\dot{w}_H}{w_H} = \frac{\dot{N}}{N} + \frac{\dot{L}}{L} - \frac{\dot{\zeta}}{\zeta} - (1-a)\frac{\dot{H}}{H} \tag{4-44}$$

则当 $\frac{\dot{N}}{N} + \frac{\dot{L}}{L} - (1-a)\frac{\dot{H}}{H} \geqslant \frac{\dot{\zeta}}{\zeta}$ 时，即机器种类的增长率、非大学毕业生的增长率、大学毕业生的增长率三者的加权求和大于研发交易成本 ζ 的增长率时，工资上升，大学毕业生就业改善；反之，大学毕业生工资下降，就业恶化。

方程式（4-40）表明，非大学毕业生的工作与机器种类 N 同步增长，而在均衡增长路径下，N 的增长率为经济增长率 γ。由于发展中国家引进技术的交易成本 ζ 将逐渐上升，工资增长率将逐渐下降。因此，发展中国家最初非大学毕业生的工资将迅速上升，最终以某一稳定速率增长。非大学毕业生的就业随之不断改善，但是改善的力度在不断降低。

为了简化模型，我们假设 $g_L(s)$ 和 $g_H(s)$ 分别服从 $[0,\ b_L]$ 和 $[0,\ b_H]$ 的平均分布。

在放弃完全就业的假设后，我们重新求得相应的非大学毕业生和大学毕业生工资，并根据平均分布的假设求得相应的非大学毕业生和大学毕业生就业率分别为

$$\frac{\beta\delta^{-1}N}{b_L} \tag{4-45}$$

$$\frac{a\beta(1-\beta)\delta^{\beta}}{b_H}\cdot\frac{L^{*}N}{\zeta(H^{*})^{1-a}} \qquad (4-46)$$

则非大学毕业生和大学毕业生就业人数分别为：

$$L^{*}=\frac{\beta\delta^{-1}LN}{b_L} \qquad (4-47)$$

$$H^{*}=\left[\frac{a\beta(1-\beta)\delta^{\beta}}{b_H}\cdot\frac{L^{*}NH}{\zeta}\right]^{1/(2-a)} \qquad (4-48)$$

方程式（4－48）说明，非大学毕业人口 L 越多，中间产品种类越多，非大学毕业生就业人数越多。

把方程式（4－47）代入方程式（4－48），得大学毕业生的就业人数为

$$H^{*}=\left[\frac{a\beta^{2}(1-\beta)}{b_H b_L\delta^{1-\beta}}\cdot\frac{N^{2}LH}{\zeta}\right]^{1/(2-a)} \qquad (4-49)$$

方程式（4－49）表明，大学毕业生总人口 H 越多，非大学毕业生就业人数 L^{*} 越多，中间产品种类 N 越多，大学毕业生就业人数越多。研发交易成本 ζ 越高，大学毕业生就业人数越少。

总结前文，我们得到命题4.4。

命题4.4　如果研发交易成本上升得较慢，大学毕业生的就业随着发展中国家的技术引进有所改善；反之，大学毕业生就业恶化。非大学毕业生的就业状况随着发展中国家的技术引进而改善，但是随着引进交易成本的增加，改善的作用在下降。

第二节　资本推动中间产品种类增加与大学毕业生就业

一、经济增长模型

本节接受 Acemogu 和 Zilibotti（2001）模型的基本框架，我们的创新之处在于假设发展中国家从发达国家引进技术服从先快后慢的规律，并用这个模型分析发展中国家的技术进步与大学毕业生就业的关系。

我们假设劳动力分成两种，一种为非大学毕业生劳动力，一种为大学毕业生

劳动力，分别用 L、H 表示整个国家的非大学毕业生和大学毕业生的数量。

假设在时间 t 代表性消费者的效用函数为

$$\int_{t}^{\infty} \frac{C(\tau)^{1-\sigma}-1}{1-\sigma} \exp[-\rho(\tau-t)] d\tau \tag{4-50}$$

其中，$C(\tau)$ 为在时间 τ 的消费；ρ 为折现率。

假设只有一种最终产品，并且满足如下约束方程

$$C+I+X \leqslant Y \equiv \exp\left[\int_{0}^{1} \ln y(i) di\right] \tag{4-51}$$

其中，I 是机器的投资；X 为 R&D 的投资；$y(i)$ 表示在第 i 个部门的产出，$i \in [0, 1]$。把消费的价格标准化为 1。

第一，设最终产品可以用两种技术进行生产。一种是用大学毕业生和高端的机器匹配进行生产，另一种是用非大学毕业生和低端的机器匹配进行生产。假设低端的机器只能与非大学毕业生匹配；而高端的机器只能与大学毕业生匹配，而且大学毕业生的生产率较高。第二，每个企业雇用非大学毕业生和大学毕业生两种劳动力，并且分别用 $l(i)$ 和 $h(i)$ 表示。假设最终产品 i 的生产函数为柯布—道格拉斯函数形式。

$$y(i) = \left[\int_{0}^{N_L} k_L(i,v)^{1-\beta} dv\right] [(1-i) l(i)]^{\beta} + \left[\int_{0}^{N_H} k_H(i,v)^{1-\beta} dv\right] [i \cdot Z \cdot h(i)]^{\beta} \tag{4-52}$$

其中，$k_z(i, v)$ 为第 v 种机器在第 i 个部门使用的数量，其中 $z \in \{L, H\}$ 分别表示与机器匹配的非大学毕业生和大学毕业生两种劳动力。其中的 $(1-i)$ 和 $(Z \cdot i)$ 分别表示不同部门和不同技术水平的生产率。从中可以看出，大学毕业生的生产率较高。$Z \geqslant 1$ 表示大学毕业生与非大学毕业生的相对生产率更高。N_L 和 N_H 分别表示可以和非大学毕业生、大学毕业生匹配的机器数量。

假设最终产品市场是完全竞争的，企业是价格接受者，所有第 i 个部门的生产者的收益为

$$p(i) y(i) - w_L l(i) - w_H h(i) - \int_{0}^{N_L} \chi_L(v) k_L(i,v) dv - \int_{0}^{N_H} \chi_H(v) k_H(i,v) dv \tag{4-53}$$

其中，$p(i)$ 是最终产品的价格；w_L 和 w_H 为非大学毕业生和大学毕业生的工资；$\chi_L(v)$，$\chi_H(v)$ 分别为低端和高端机器的租金。利润最大化收益函数，有关机器需求的一阶条件为

$$w_L = (1-i)^{\beta} p(i) \beta \left[\int_{0}^{N_L} k_L(i,v)^{1-\beta} dv\right] [l(i)]^{\beta-1} \tag{4-54}$$

$$w_L = (iZ)^{\beta} p(i) \beta \left[\int_0^{N_H} k_H(i,v)^{1-\beta} \mathrm{d}v \right] [h(i)]^{\beta-1} \tag{4-55}$$

$$k_L(i, v) = \{ (1-\beta) \cdot p(i) \cdot [(1-i) \cdot l(i)]^{\beta} / \chi_L(v) \}^{1/\beta} \tag{4-56}$$

$$k_H(i, v) = \{ (1-\beta) \cdot p(i) \cdot [i \cdot Z \cdot h(i)]^{\beta} / \chi_H(v) \}^{1/\beta} \tag{4-57}$$

从方程式（4－56）和方程式（4－57）可以看出，产品价格 $p(i)$ 越高，机器的需求量越大；机器的租金越低，机器的需求量越大；雇用的大学毕业生或非大学毕业生数量越多，机器的需求越大。这说明，如果哪种生产要素比较丰富，那么哪种技术就会得到更加广泛的应用。

制造机器的企业都是垄断者，假设机器立即折旧；还假设制造所有机器的边际成本为定值，并且为 θ 单位的最终产品。第 z 种类型机器的制造企业的利润方程为

$$\pi_z(v) = [\chi(v) - \theta] \int_0^1 k_z(i,v) \mathrm{d}i \tag{4-58}$$

从方程式（4－56）和方程式（4－57）可以看出，$k_z(i, v)$ 的需求弹性为 β。企业最大化自己的利润，根据一阶条件可以得到机器的价格为

$$\chi_z(v) = \theta / (1-\beta) = \chi \tag{4-59}$$

把机器的边际成本标准化为

$$\theta \equiv \delta^{\beta/(1-\beta)} (1-\beta)^2 \tag{4-60}$$

则机器的价格为

$$\chi = \delta^{\beta/(1-\beta)} (1-\beta) \tag{4-61}$$

其中，参数 δ 表示资本的价格。

把机器的价格方程代入方程式（4－56）和方程式（4－57），得到两种机器的需求数量分别为

$$k_L(i, v) = \left\{ \frac{(1-\beta) p(i) [(1-i) l(i)]^{\beta}}{\chi_L(v)} \right\}^{1/\beta}$$

$$k_H(i, v) = \left\{ \frac{(1-\beta) p(i) [iZh(i)]^{\beta}}{\chi_H(v)} \right\}^{1/\beta} \tag{4-62}$$

再把此结果代入方程式（4－52），可以得出最终产品的产出方程为

$$y(i) = \delta^{-1} p(i)^{(1-\beta)/\beta} [N_L (1-i) l(i) + N_H \cdot i \cdot Z \cdot h(i)] \tag{4-63}$$

从方程式（4－63）可以看出，N_H的增大可以提高大学毕业生的生产率，而 N_L的增加可以提高非大学毕业生的生产率。其中，N_H/N_L表示大学毕业生与非大学毕业生的相对生产率。

根据方程式（4－52）可以看出，在高端产品的生产上大学毕业生的生产率

比非大学毕业生要高。那么就会有一个门槛值 J，当 $i\leqslant J$ 时，企业仅雇用非大学毕业生进行生产；当 $i\geqslant J$ 时，企业仅雇用大学毕业生进行生产。

这时产出方程变为

$$y(i)=\begin{cases}\delta^{-1}\cdot p(i)^{(1-\beta)/\beta}(1-i)N_L\cdot l(i), & if\quad 0\leqslant i\leqslant J\\ \delta^{-1}\cdot p(i)^{(1-\beta)/\beta}i\cdot N_H\cdot Z\cdot h(i), & if\quad J\leqslant i\leqslant 1\end{cases}\tag{4-64}$$

在均衡状态，当 $i\leqslant J$ 时，所有部门的非大学毕业生边际产出价值 $\delta^{-1}\cdot p(i)^{1/\beta}(1-i)N_L$ 必然相等。同理，当 $i\geqslant J$ 时，所有部门的大学毕业生边际产出价值 $\delta^{-1}\cdot p(i)^{(1-\beta)/\beta}\cdot i\cdot N_H\cdot Z$ 必然相等。此外，由于生产函数为柯布—道格拉斯形式，因此消费者在所有产品上的花费都相等，即 $p(i)y(i)$ 为常数。在市场出清的条件下，企业雇用的总劳动应当等于非大学毕业生和大学毕业生的总数，即 $\int_0^J l(i)\mathrm{d}i=L$，$\int_J^1 h(i)\mathrm{d}i=H$。则可以推出有关产品价格和技术水平的关系方程：

$$\text{如果 } i\leqslant J,\ p(i)=P_L\cdot(1-i)^{-\beta},\ l(i)=\frac{L}{J}\tag{4-65}$$

$$\text{如果 } i\geqslant J,\ p(i)=P_H(1-i)i^{-\beta},\ h(i)=H/(1-J)\tag{4-66}$$

其中，$P_L=p(0)$ 和 $P_H=p(1)$ 为待定常数。从上面两个方程可以看出，技术水平高的产业如果用非大学毕业生来生产，劳动的生产率会很低，而价格却会很高。

在门槛值 J 处，使用非大学毕业生和大学毕业生的价格必然相等。把 J 代入方程式（4－65）和方程式（4－66），得

$$\frac{P_H}{P_L}=\left(\frac{J}{1-J}\right)^{\beta}\tag{4-67}$$

因为各种最终产品的总产出价值相等，即 $P_Hy(1)=P_Ly(0)$。根据方程式（4－64）和方程式（4－65），得

$$J=\left[1+\left(\frac{N_H}{N_L}\frac{ZH}{L}\right)^{\frac{1}{2}}\right]^{-1}\tag{4-68}$$

从方程式（4－68）可以看出，只有生产函数中技术偏好水平（Skill－biased）N_H/N_L 较高，或者大学毕业生相对非大学毕业生的劳动供给 H/L 较高时，使用大学毕业生的最终产品种类才会比较多，同时 J 也较小。从方程式（4－67）可以看出，这时技术密集型（Skill Intensive）产品的相对价格也较低。

根据方程式（4－67）把价格标准化为 $\exp\left[\int_0^1 \ln p(i)\mathrm{d}i\right]=1$，则价格指数 P_L

和 P_H分别为：

$$P_L = \exp(-\beta) \cdot \left[1 + \left(\frac{N_H}{N_L}\frac{ZH}{L_L}\right)^{\frac{1}{2}}\right]^{\beta} \tag{4-69}$$

$$P_H = \exp(-\beta) \cdot \left[1 + \left(\frac{N_H}{N_L}\frac{ZH}{L_L}\right)^{-\frac{1}{2}}\right]^{\beta} \tag{4-70}$$

从方程式（4－70）可以看出，如果生产函数中技术偏好水平较高，或者大学毕业生相对于非大学毕业生的劳动供给较高，那么技术密集型产品 $y(i)$ 的相对供给较大，同时劳动密集型产品 $y(i)$ 的价格较高，而技术密集型产品 $y(i)$ 的价格较低。

由于生产要素市场是完全竞争的，则大学毕业生与非大学毕业生的相对工资为

$$\frac{w_H}{w_L} = Z\left(\frac{N_H}{N_L}\right)^{1/2}\left(\frac{ZH}{L}\right)^{-1/2} \tag{4-71}$$

从方程式（4－71）中可以看出，如果生产函数中技术偏好水平（Skill－biased）N_H/N_L越高，大学毕业生的相对工资越高；大学毕业生的相对人数 H/L 越少，他们的工资相对越高。根据方程 $Y = \int_0^1 p(i)y(i)\mathrm{d}i$ 和方程式（4－64）、方程式（4－67）、方程式（4－68）、方程式（4－69）和方程式（4－70）可推出总产出方程

$$Y = \exp(-1)\delta^{-1} \cdot [(N_L L)^{1/2} + (N_H ZH)^{1/2}]^2 \tag{4-72}$$

从方程式（4－72）可以看出，大学毕业生和非大学毕业生的替代弹性为常数。

设技术不断地进步，其表现形式为 N_H，N_L随时间而不断增加。研发的投入为最终产品，设企业一旦开发出一种产品，它就永久获得这种产品的专利。N_H和 N_L增加的速度取决于总投入 X 和 R&D 的成本 ζ。N_H和 N_L增长的路径为

$$\dot{N}_z = \frac{X_z}{\zeta} \tag{4-73}$$

其中，X_z 表示投入到与非大学毕业生、大学毕业生匹配的机器研发的总投入 $z \in \{L, H\}$。

假设在时间 t 研发成功机器 v 的垄断企业的产品收益现值为 $V_z(v, t)$，在均衡状态，研发所有机器的收益都应当相同，所以把 $V_z(v, t)$ 简写为 $V_z(t)$，则

$$V_z(t) = \int_t^{\infty} \exp\left[-\int_t^{\tau} r(\omega)\mathrm{d}\omega\right]\pi_z(\tau)\mathrm{d}\tau \tag{4-74}$$

其中，$r(\tau)$ 为在时间 τ 的利率；$\pi_L(\tau)$ 和 $\pi_H(\tau)$ 分别为利润流，把资本

价格 δ 标准化为 1，即 $\delta = 1$，由方程式（4－56）、方程式（4－57）、方程式（4－65）和方程式（4－66）可得

$$\pi_L(\tau) = (\chi^L - \theta)\int_0^J k_L(i)\mathrm{d}i = \beta(1-\beta)[P_L(\tau)]^{1/\beta}L \tag{4-75}$$

$$\pi_H(\tau) = (\chi^H - \theta)\int_J^1 k_H(i)\mathrm{d}i = \beta(1-\beta)[P_H(\tau)]^{1/\beta}ZH \tag{4-76}$$

R&D 市场必须满足自由进入条件，即 $V_z(t) = \zeta$。根据平衡增长路径，N_L 和 N_H 增长率必然相等，那么必有 $X_L/N_L = X_H/N_H$。据此，必有 $V_L = V_H = \zeta$。这说明，成功研发出与大学毕业生匹配的机器的利润流和成功研发出与非大学毕业生匹配的机器的利润流必然相等，即 $\pi_L = \pi_H$。所以，均衡增长路径必然满足如下条件

$$\frac{P_H}{P_L} = \left(\frac{ZH}{L}\right)^{-\beta} \tag{4-77}$$

从方程式（4－77）可以看出，大学毕业生越多，对于大学毕业生匹配机器的需求越多，这时大学毕业生生产的产品的价格就要下降，以满足条件 $\pi_L = \pi_H$。根据式（4－65）、方程式（4－66）和方程式（4－68），得

$$\frac{N_H}{N_L} = \frac{1-J}{J} = \frac{ZH}{L} \tag{4-78}$$

从式（4－78）可以看出，在均衡增长路径上，大学毕业生和非大学毕业生的相对生产率为大学毕业生和非大学毕业生人数之比的函数。同时在均衡增长路径上，J 也是大学毕业生人数和非大学毕业生人数之比的函数。从方程式（4－78）可以看出，大学毕业生比例的增加扩大了高端机器的市场规模，从而促进了高端机器的研发投入，进而导致 N_H/N_L 的增加。

通过证明可以得出，这个动态模型存在唯一的全域或鞍点稳定的均衡增长路径，而且 GDP、消费、N_H、N_L 增长路径相同

$$g = \frac{1}{\sigma}[\exp(-1) \cdot \beta \cdot (1-\beta)\zeta^{-1} \cdot (L+ZH) - \rho] \tag{4-79}$$

无论 N_H 和 N_L 的起始点从何处开始，它们都将必然收敛到这个路径。由于 N_H 和 N_L 的增长率相同，所以大学毕业生和非大学毕业生的相对生产率在稳定状态为一个定值。但是在转移动态过程中，大学毕业生和非大学毕业生的相对生产率可以改变。当大学毕业生数量和非大学毕业生数量之比增加时，即 H/L 增加时，与大学毕业生匹配的机器数量和与非大学毕业生匹配的机器数量之比也增加，即 N_H/N_L 增加。

二、发展中国家的经济增长、工资和就业

（一）经济增长

与上一节的假设相同，我们设发展中国家的研发交易成本服从 Logistic 方程，即方程式（4－34），通解为：

$$\zeta = \zeta_0 \frac{Be^{bt}}{1 + Be^{bt}} \tag{4-80}$$

其中，ζ_0 为发达国家的研发交易成本，并始终满足 $\zeta_0 \geqslant \zeta$；b 为研发交易成本外生的变化率，因此 $b>0$；B 为 ζ 初始值决定的参数，由于 $\zeta_0 \geqslant \zeta$，必有$B>0$。

根据方程式（4－79）和有关研发交易成本的假设，发展中国家的经济增长必然满足以下命题。

命题 4.5　由于发展中国家在技术引进过程中，随着与发达国家的差距越来越小，技术引进的交易成本越来越高。经济增长在技术引进的初期最快，此后逐渐下降，最终增长速度与发达国家同步。

（二）工资

在均衡状态下，非大学毕业生工资一定等于其边际产品价值。根据方程式（4－64）、方程式（4－69）和方程式（4－78），可以得到非大学毕业生的工资方程

$$w_L = \frac{N_H + N_L}{\delta e} \tag{4-81}$$

非大学毕业生的工资也随着机器种类总数（$N_H + N_L$）的增加而上涨，因此也随着经济总量的增加而同步上升。考虑到发展中国家经济增长将先快后慢，非大学毕业生的工资在技术引进的初期迅速上升，之后逐渐下降，最终与发达国家的增长同步。

在均衡状态下，大学毕业生的工资一定等于其边际产品价值。根据方程式（4－64）、方程式（4－70）和方程式（4－78），得到大学毕业生的工资为

$$w_H = \frac{Z(N_H + N_L)}{\delta e} \tag{4-82}$$

从方程式（4－82）可以看出，由于 Z、δ、e 都是常数，大学毕业生的工资

随着机器种类总量（N_H+N_L）的增加而提高。由于与大学毕业生相匹配的机器数量 N_H、与非大学毕业生相匹配的机器数量 N_L 都与经济增长同步，大学毕业生的工资将随着经济总量的提升而上涨。考虑到发展中国家经济增长将先快后慢，大学毕业生的工资在技术引进的初期迅速上升，之后逐渐下降，最终与发达国家的增长同步。

大学毕业生和非大学毕业生的工资差距为

$$G\equiv\frac{w_H}{w_L}=Z \tag{4-83}$$

这说明，大学毕业生和非大学毕业生的工资差距将一直保持一定的差距，与经济的变化无关。

总结大学毕业生和非大学毕业生工资及两者的工资差距，我们可以得到有关发展中国家的如下命题。

命题 4.6 发展中国家在技术引进过程中，大学毕业生和非大学毕业生的工资将同时随着经济总量的扩大而同步增长。由于发展中国家的经济增长将服从先快后慢的规律，两者的工资增长亦将先快后慢，最终与发达国家的经济增长同步。在经济总量扩张过程中，两者的工资差距将保持稳定。

（三）就业

与上一节相同，我们放宽完全就业的假设，设非大学毕业生和大学毕业生根据保留工资就业，即如果市场的均衡工资大于大学毕业生的保留工资，大学毕业生选择就业；如果市场工资低于其保留工资，大学毕业生选择不就业。

此外，假设非大学毕业生和大学毕业生的保留工资服从概率密度函数为 $g_L(s)$ 和 $g_H(s)$ 的分布，则非大学毕业生和大学毕业生的就业人数 L^* 和 H^* 分别为

$$L^*=L\int_0^{w_L}g_L(s)\,\mathrm{d}s,\ H^*=H\int_0^{w_H}g_H(s)\,\mathrm{d}s \tag{4-84}$$

就业率为 $\int_0^{w_L}g_L(s)\,\mathrm{d}s$，$\int_0^{w_H}g_H(s)\,\mathrm{d}s$。

为了简化模型，我们设 $g_L(s)$ 和 $g_H(s)$ 分别服从［0，b_L］和［0，b_H］的平均分布。

在放弃完全就业的假设后，我们重新求得相应的非大学毕业生和大学毕业生工资，并根据平均分布的假设求得相应的非大学毕业生和大学毕业生就业率分别为

$$\frac{N_H + N_L}{b_L \delta e} \tag{4-85}$$

$$\frac{Z(N_H + N_L)}{b_H \delta e} \tag{4-86}$$

非大学毕业生和大学毕业生就业人数分别为

$$L^* = \frac{1}{b_L \delta e}(N_H + N_L)L \tag{4-87}$$

$$H^* = \frac{Z}{b_H \delta e}(N_H + N_L)H \tag{4-88}$$

方程式（4－87）表明，中间产品种类的增加和非大学毕业生总人口的增加将有利于增加非大学毕业生总的就业人数。从方程式（4－88）看出，中间产品种类增长，大学毕业生总人口的增加，将推动大学毕业生就业人数的增加。

从大学毕业生工资方程式（4－82）和非大学毕业生工资方程式（4－81），可以得到命题4.7。

命题4.7 发展中国家的大学毕业生工资将随着经济总量的扩大而逐渐提升，因此其就业也将逐渐改善，但是随着大学毕业生工资上升速度的下降，就业改善的作用逐渐变小。与之类似，非大学毕业生的就业状况亦随着发展中国家的经济增长逐渐改善，但是改善的力度逐渐变小。

第三节 中间产品种类增加与大学毕业生就业的数值模拟

为了证明我们模型的可靠性，并给读者以直观的认识，我们对经济增长率、大学毕业生工资、非大学毕业生工资、大学毕业生和非大学毕业生工资差距、大学毕业生就业率进行数值模拟。

一、参数设定及实际数据来源

（一）参数的设定

需要根据经典文献设定的参数有产出的劳动贡献率β、反映消费者对平滑消

费偏好程度的参数 θ、反映消费者时间偏好的参数 ρ。有关发展中国家的最新研究认为 $\beta=0.667$（King 和 Rebelo，1999；Kodama，2012）。根据已有的文献设定 $\theta=2$、$\rho=0.02$（肖文和唐兆希，2012）。

为保证校准的简洁、有解，根据参数的含义，我们令全要素生产率 $A=1$。我们把发达国家的研发交易成本标准化为 1，即假设 $\zeta_0=1$。

由于十一届三中全会在 1978 年 12 月召开，我们把 1979 年作为中国改革开放的第 1 年，即 1979 年 $t=1$，其余年份以此类推。

（二）实际数据来源

我们利用大学毕业生就业人数表示 H^*，此人数是通过《中国统计年鉴》获得各年总的就业人数，在《中国劳动统计年鉴》中获得大专以上学历人群、大专以下学历人群在从业人员中所占比例，然后两者相乘获得两种受教育水平的劳动者各自的就业人数。经济增长 γ 的数据来源于《中国统计年鉴》。由于 1996 年的《中国劳动统计年鉴》第一次给出了不同受教育水平人员在就业人员中的比例，我们初始的年份为 1996 年，最新的数据为 2011 年的数据。

大学毕业生总人数 H 为根据《中国统计年鉴》中有关人口构成的数据计算出大学毕业生人口的总数量，之后利用教育部网站的数据获得大专以上学历的在校生人数，前者与后者之差我们计为大学毕业生总人数 H。

由于缺乏不同受教育水平工人工资的数据，我们用大专以上学历的工人占比最高的三个行业（金融、文体、科学研究）的平均工资表示大学毕业生的工资，用大专以下学历的工人占比例最高的三个行业（农业、采掘业、建筑业）的平均工资作为非大学毕业生的工资。由于统计口径的变化，此数据只有 1996 ~ 2008 年的数据。为使实际工资的数据更加准确，我们根据历年的 CPI 对工资进行调整。

二、校准

（一）利用实际经济增长率校准 B、b、a

我们利用经济增长方程式（4-39）校准参数 B、b、a。由于方程式（4-39）中的大学毕业生人数 H 是基于完全就业的假设，对应的现实数据应当是大学毕业生就业人数 H^*，而不是大学毕业生的总人数 H，所以方程转化为

$$\gamma=\frac{(H^{*})^{a}(1+Be^{bt})}{\zeta_{0}Be^{bt}} \tag{4-89}$$

其中，B 为 ζ 初始值决定的参数；b 为由自然、地理等外生因素决定研发制度成本增长率；a 为研发效率相关的参数，a 越大，研发的效率越高。

我们利用起始的 1996 年、居中的 2004 年、最终的 2011 年三年数据对方程式（4－39）中的三个参数 B、b、a 进行校准。使用 MATLAB 程序求解三个非线性方程组得（B，b，a）=(0.0530，0.0568，0.3795)。

（二）利用实际工资校准 δ、N_0

我们利用实际非大学毕业生、大学毕业生工资校准资本价格 δ、中间产品种类数量初始值 N_0。

考虑中间产品种类数量和经济增长同步，设中间产品种类的初始值为 N_0，增长率为 γ，N_0 表示 1978 年中间产品种类数量。由于方程式（4－41）的假设条件为完全就业，与 H^* 类似用 L^* 表示实际就业的非大学毕业生人数。

大学毕业生工资方程式（4－41）转化为

$$w_H=a\beta(1-\beta)\delta^{\beta}\cdot\frac{L^{*}}{\zeta\,(H^{*})^{1-a}}N_0\exp(\gamma t) \tag{4-90}$$

非大学毕业生工资方程式（4－40）转化为

$$w_L=\beta\delta^{-1}N_0\exp(\gamma t) \tag{4-91}$$

需要校准的变量为资本价格 δ、中间产品种类的数量初始值 N_0。方程式（4－90）和方程式（4－91）中的经济增长率 γ 取值为 1996～2008 年的模拟平均经济增长率 $\gamma=9.69\%$。

我们把居中的 2002 年数据代入非大学毕业生工资方程和大学毕业生工资方程获得资本价格 $\delta=0.2386$、中间产品种类数量 1978 年初始值 $N_0=295.5684$。

三、数值模拟

（一）经济增长

得到方程式（4－89）中的参数（B，b，a）=(0.0530，0.0568，0.3795)后，我们把 1996～2011 年大专以上就业人数作为 H^* 代入方程，利用 MATLAB 中的计算和画图功能，得到模拟的经济增长率。为了便于模拟值与现实值的比较，我们同时在图形中画出实际的经济增长率。模拟结果如图 4－1 所示。

从图 4－1 中可以看出，虽然我们只考虑大学毕业生就业人数这一变量，但是，模拟的增长率与现实的经济增长率均值基本相等，两者的上升和下降趋势大致相同。我们可以比较实际经济增长率的曲线和模拟经济增长率曲线之间的面积，我们发现，1996～2004 年虚线和实线围成的面积与 2004～2011 年虚线和实线围成的面积大致相当。模拟的经济增长率的平均值为 9.5%，实际经济增长率为 9.8%，相差 0.3%，差距非常小。也就是说，大学毕业生就业人数的变化决定了长期的经济增长，事实上，我们的数理模型研究的主要是长期经济增长，而不是短期经济波动。

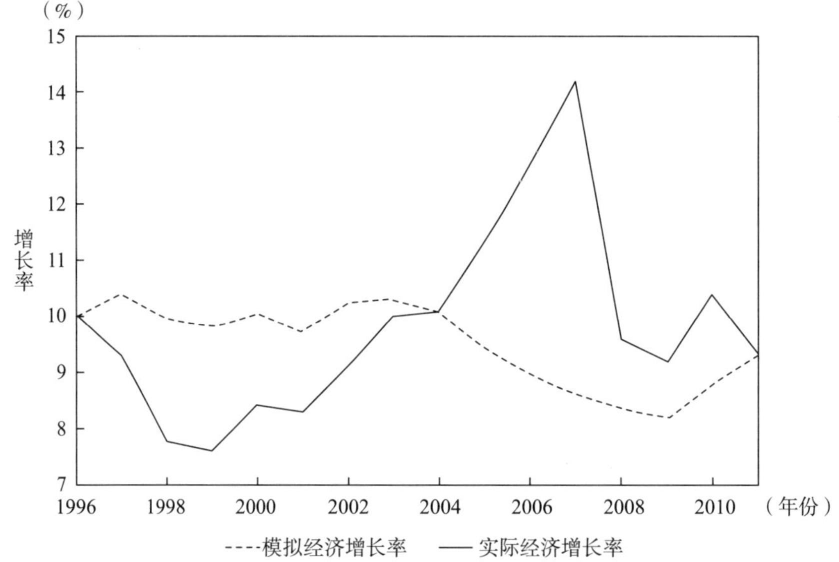

图 4－1　模拟和实际经济增长率

资料来源：《中国劳动统计年鉴》《中国统计年鉴》。

中国改革开放以来，随着中国与发达国家的技术水平差距的缩小，中国引进国外技术的交易成本不断上升，中国的经济增长率理应不断下降。但是自 1999 年开始的高校扩招急剧地增加了中国具有大学毕业文凭的劳动者数量。大量的高素质劳动力投入引进技术中来，又推动了技术引进，乃至技术创新，从而推动了中国经济增长率上扬。因此我们看到，模拟的经济增长率从 2009 年的 8.2% 上升到 2011 年的 9.3%。

由于内生增长模型主要研究长期的经济增长，所以我们的模拟结果对短期经济增长的变化虽有所反应，但是仍然与实际经济增长率相差较大。我们发现，1997～2004年模拟的经济增长率与实际经济增长率变化趋势相同，但是变化的幅度相差较大。2008～2011年的模拟值与实际值也是趋势相同，幅度不同。但是我们也发现，2004～2008年模拟的经济增长率与实际经济增长率相差较大。

（二）非大学毕业生工资

把（δ，N_0）=（0.2386，295.5684）、（β，γ）=（0.667，9.69%）代入方程式（4－91）得到非大学毕业生工资的模拟值，结果如图4－2所示。为了与真实值相比较，我们给出了非大学毕业生工资的实际值。

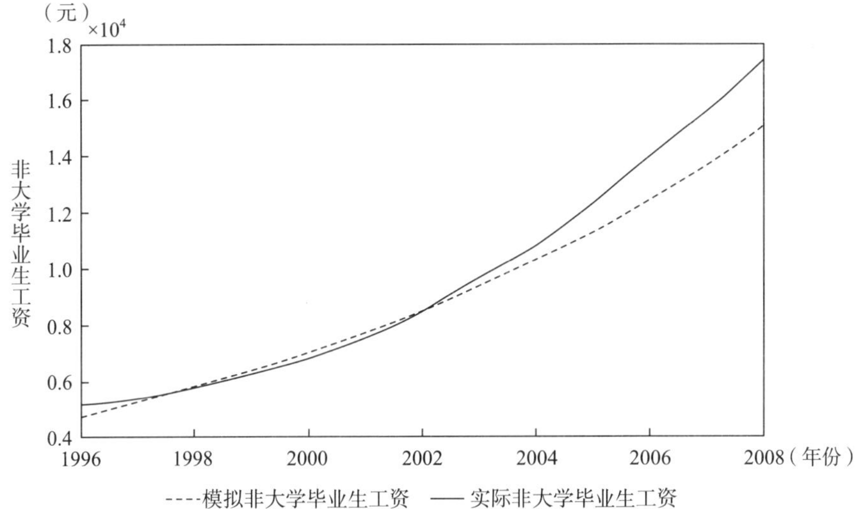

图4－2　模拟与实际非大学毕业生工资

资料来源：《中国劳动统计年鉴》《中国统计年鉴》。

模拟非大学毕业生工资曲线与实际非大学毕业生工资曲线前半段拟合得较好，后半段拟合的结果也还差强人意。因此基本可以证明，中间产品种类增加的模型对现实有一定的解释力。中间产品种类越多，非大学毕业的生产率上升，边际产出上升，工资增加。

（三）大学毕业生工资

把 $(B, b, a) = (0.0530, 0.0568, 0.3795)$、$(\delta, N_0) = (0.2386, 295.5684)$、$(\beta, \gamma) = (0.667, 9.69\%)$、各年的大学毕业生就业人数 H^*、各年的非大学毕业生就业人数 L^* 代入方程式（4－90），得到模拟的大学毕业生工资。图 4－2 给出了模拟结果和实际值。

我们发现，2002 年以前模拟的工资较高，2002 年以后实际的工资较高，两者的差异较大，但是 2004～2008 年大学毕业生工资上升的趋势相同。我们认为，造成早期实际大学毕业生工资较低的原因是，最初大学毕业生的雇主集中于党政机构、国有部门，这些部门作为垄断的雇主，压低了雇用大学毕业生的工资。具体表现在实际经济生活中的形式对大学毕业生总是供不应求。但是由于越来越多的民营企业、外企雇用大学毕业生，最终整个大学毕业生群体的工资都上涨了。2002～2008 年造成模拟大学毕业生工资较实际大学毕业生工资低的可能原因为，大学毕业生工资的上升更多地由中间产品质量升级解释，而不是中间产品种类的增加。

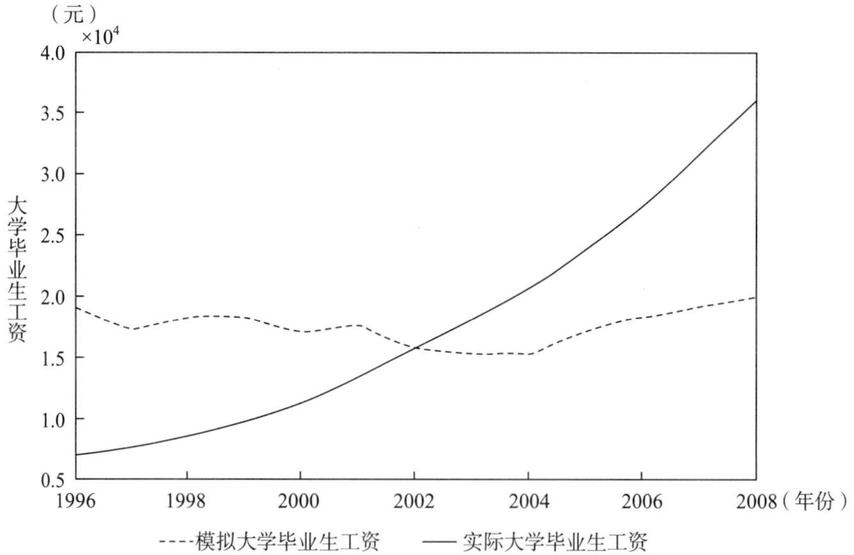

图 4－3　模拟与实际大学毕业生工资

资料来源：《中国劳动统计年鉴》《中国统计年鉴》。

（四）大学毕业生和非大学毕业生的工资差距

同理考虑到工资差距方程式（4－42）是基于完全就业的假设，其转换为

$$G=\frac{a(1-\beta)\delta^{1+\beta}L^{*}}{\zeta(H^{*})^{1-a}} \tag{4-92}$$

我们把前文校准的参数、中国大学毕业生和非大学毕业生就业人数代入式（4－92）可以得到大学毕业生与非大学毕业生工资之比。把1996～2008年两者的工资之比画到图形中得到图4－4，同时我们还在图中加入了实际的大学毕业生与非大学毕业生工资之比。

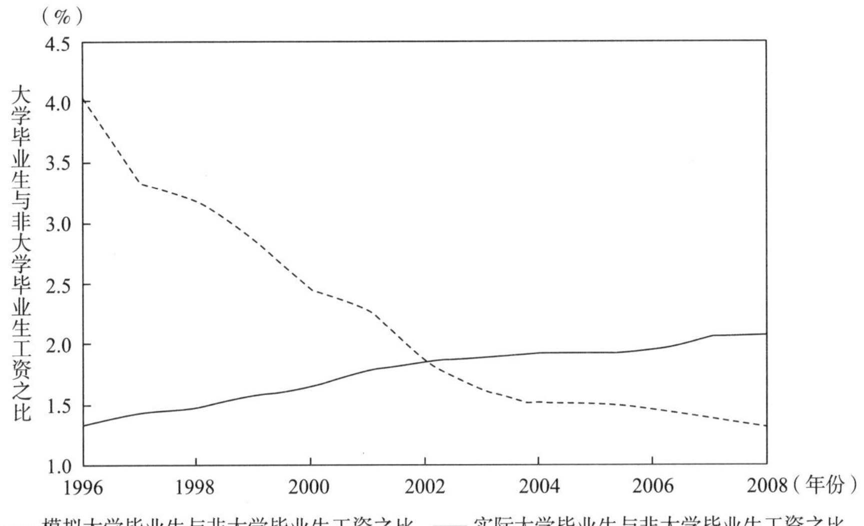

图4－4　模拟和实际大学毕业生与非大学毕业生工资差距

资料来源：《中国劳动统计年鉴》《中国统计年鉴》。

图4－4表明，模拟的大学毕业生与非大学毕业生工资的差距在不断下降，但是实际的工资差距却在上升，模拟的结果和真实值变化相反。我们认为最初大学毕业生的绝大多数雇主为政府，垄断的雇主压低了大学毕业生的工资，而模拟的工资差距反映了市场工资差距，因此模拟值较高。发展中国家由于引进技术交易成本的上升，大学毕业生工资下降，大学毕业生人数的增加更加推动了大学毕业生工资的下行，因此，大学毕业生和非大学毕业生工资差距缩小。

（五）大学毕业生就业率

考虑到 N 以平均经济增长率增加，方程式（4－48）转化为

$$H^* = \left[\frac{a\beta(1-\beta)\delta^{\beta}}{b_H} \cdot \frac{L^* N_0 \exp(\gamma t) H}{\zeta}\right]^{1/(2-a)} \tag{4-93}$$

我们把2002年的数据代入上式校准大学毕业生保留工资的最高值 b_H。其中，L^* 为非大学毕业生就业率人数，H 为大学毕业生总人数，最终得到 b_H = 16776元。

把 $(B, b, a) = (0.0530, 0.0568, 0.3795)$、$(\delta, N_0) = (0.2386, 295.5684)$、$(\beta, \gamma) = (0.667, 9.69\%)$、$b_H = 16776$、各年对应的实际 L^* 和 H 代入方程式（4－93），得到模拟的大学毕业生就业人数，如图4－5所示。图4－5同时给出了实际大学毕业生就业率。

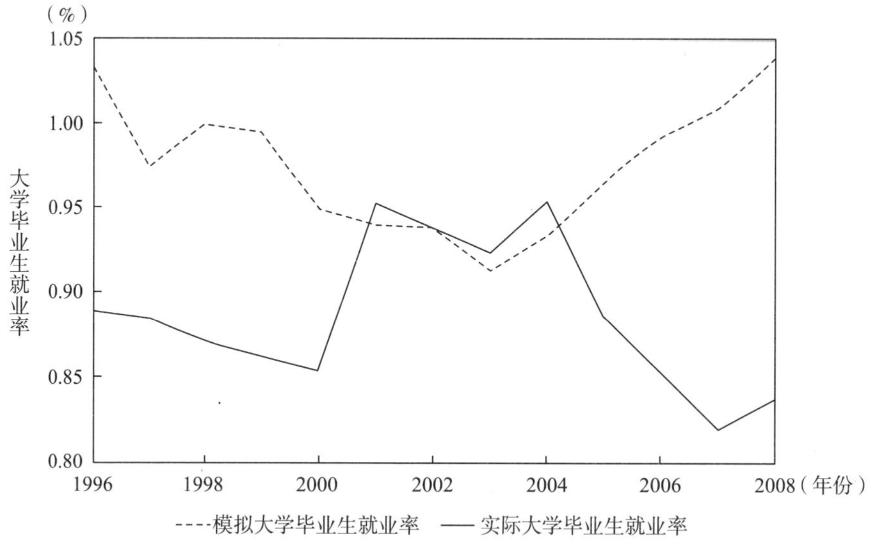

图4－5 模拟与实际大学毕业生就业率

资料来源：《中国劳动统计年鉴》《中国统计年鉴》。

1997～2001年模拟的值大于实际值。这可能是由于1997～2001年虽然市场对大学毕业生的需求很旺盛，但是由于此前绝大多数大学毕业生都在政府、事业单位、国有企业就业，新毕业的大学毕业生受传统思想的禁锢，他们宁愿选择继续在国有企业和政府部门求职，而不就业，因此模拟大学毕业生的就业率高于实

际大学毕业生的就业率。

2001～2004 年的模拟大学毕业生就业率和实际就业率拟合得较好。虽然大学毕业生有在政府、国有企业就业的传统，但是随着国有企业大规模地减员增效，很多此前在国有企业就业的大学毕业生都失业了。民营企业经营管理日益完善，待遇逐渐改善，大学毕业生不得不转变观念，选择在民营企业就业，因此 2001～2004 年模拟的大学毕业生就业率和实际值大致相当。

2005～2008 年模拟的大学毕业生就业率较高，而实际的就业率较低。我们认为造成这一结果的原因为大学毕业生的保留工资上升。由于人们生活条件的改善，大学毕业生宁愿继续寻求较好的工作岗位，也不愿屈就，在较差的工作岗位就业。此时市场对大学毕业生的需求虽然很旺盛，但是工作岗位更多的是薪水较低的工作或民营企业等相对较差的岗位。因此很多大学毕业生选择失业，最终造成模拟的大学毕业生就业率高于实际的大学毕业生就业率。

就业率高于 1 的原因是：平均分布的假设不成立、校准年份的大学毕业生就业率较高。如果我们假设大学毕业生的保留工资服从正态分布，那么，无论工资多高都会有一部分人选择不就业，就业率必然低于 1。第二个可能的原因为我们用来校准就业率的年份 2002 年大学毕业生的实际就业率偏高，因此得到的大学毕业生的保留工资上限较低，因此最终模拟得到的大学毕业生就业率大于 1。模拟值和实际值的差距可能更多地由中间产品质量升级来解释。

四、经济增长模拟：进一步探讨

（一）校准

为了检验模拟结果对不同年份组合的敏感性，即模型的稳健性，我们使用多组年份的数据对参数进行校准。1996 年为最早的可得数据，2015 年的数据为可得的最新数据。三个方程组的组合有 6840 种，难以穷尽，我们只能选择部分组合进行校准。由于本模型研究对象为长期经济增长，时间跨度越长所包含的信息与模型越匹配，故我们选择了三种组合进行检验。其一，起点固定在 1996 年，终点选择 2015～2010 年的每 1 年，具体见表 4－1 中的 1～9 组合。其二，终点固定在 2015 年，起点为 1997～2010 年的每 1 年，具体见表 4－1 中的 10～16 组合。其三，起点和终点分别为 1997 年、2014 年，同时向内移动，具体见表 4－1 中的 17～26 组合。表 4－1 给出了校准年份和解。

表 4-1 校准年份和解

方程组	起始年份	中间年份	终点年份	解
1	1996	2005	2015	$(B, b, a) = (0.0604, 0.0352, 0.1472)$
2	1996	2006	2015	b 和 a 为负值，舍去
3	1996	2005	2014	$(B, b, a) = (0.0628, 0.0336, 0.1511)$
4	1996	2004	2013	$(B, b, a) = (0.0387, 0.0761, 0.4406)$
5	1996	2005	2013	$(B, b, a) = (0.0627, 0.0361, 0.1965)$
6	1996	2004	2012	$(B, b, a) = (0.0380, 0.0774, 0.4445)$
7	1996	2003	2011	$(B, b, a) = (0.0845, 0.0220, 0.1508)$
8	1996	2004	2011	$(B, b, a) = (0.0530, 0.0568, 0.3795)$
9	1996	2003	2010	b 和 a 为负值，舍去
10	1997	2006	2015	b 和 a 为负值，舍去
11	1998	2006	2015	b 和 a 为负值，舍去
12	1998	2007	2015	b 和 a 为负值，舍去
13	1999	2007	2015	b 和 a 为负值，舍去
14	2000	2007	2015	b 和 a 为负值，舍去
15	2000	2008	2015	b 和 a 为负值，舍去
16	2001	2008	2015	b 和 a 为负值，舍去
17	1997	2005	2014	b 和 a 为负值，舍去
18	1997	2006	2014	b 和 a 为负值，舍去
19	1998	2005	2013	$(B, b, a) = (0.0929, 0.0253, 0.2059)$
20	1998	2006	2013	b 和 a 为负值，舍去
21	1999	2005	2012	$(B, b, a) = (0.1052, 0.0164, 0.1451)$
22	1999	2006	2012	b 和 a 为负值，舍去
23	2000	2005	2011	b 和 a 为负值，舍去
24	2000	2006	2011	b 和 a 为负值，舍去
25	2001	2005	2010	b 和 a 为负值，舍去
26	2001	2006	2010	b 和 a 为负值，舍去

需要说明的是，由于 3 年的数据对应的 3 个方程为非线性方程，校准的解只能使 3 个方程近似成立，而非严格成立。

从求解的结果我们可以看出，当中间年份为 2006 年、2007 年、2008 年时，方程组基本得不到合适的解。这可能是由于这 3 年的经济增长率较为异常的原因：2006 年、2007 年增长率过高；2008 年受金融危机的影响增长率过低。但是本模型主要是用来解释长期增长，而不是短期波动，因此无法得到合适的解。

（二）基准模拟

我们把最优的解，即使3个方程同时成立，误差最小的解对应的模拟结果作为基准模型，因为这组参数最能与模型契合，能尽量准确地展现模型的信息。最优的参数为方程组7的解：（B，b，a）=（0.0845，0.0220，0.1508）。得到方程组7对应的（B，b，a）值后，我们把大专以上就业人数作为H^*代入式（4-89）。其中1996～2015年的数据来自《中国统计年鉴》和《中国劳动统计年鉴》，同时假设自2016年起，大专以上就业人数以1.5亿/年的速度增加，直至2030年①，利用MATLAB中的计算和画图功能，得到模拟的经济增长率。为了便于模拟值与现实值的比较，我们同时在图形中画出1996～2015年实际的经济增长率。模拟结果如图4-6所示。

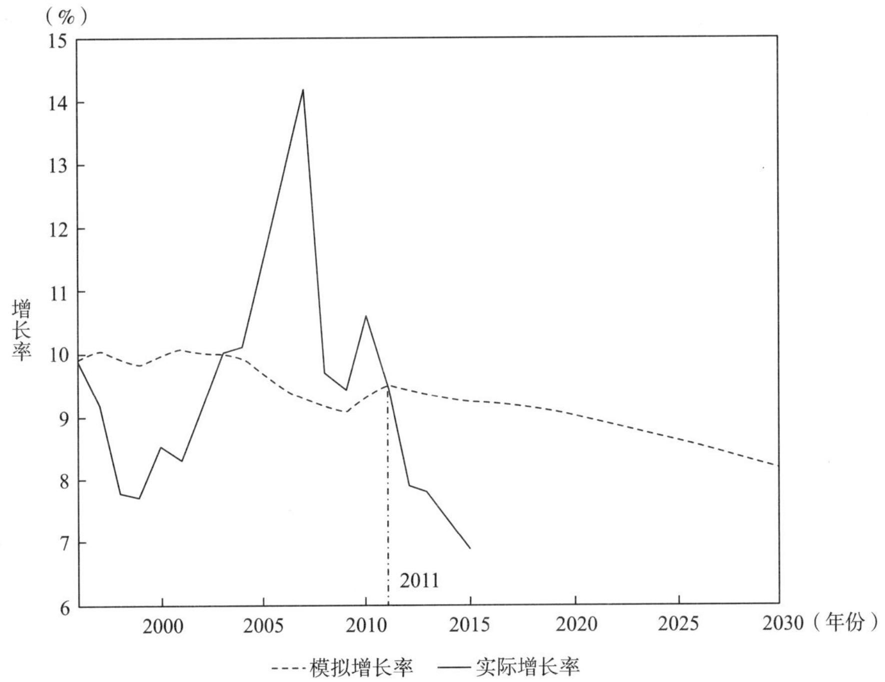

图4-6　方程组7对应的参数模拟

资料来源：《中国劳动统计年鉴》《中国统计年鉴》。

---

① 曾尝试大专以上就业人数以2010～2015年的平均增长率（12%）增加，模拟结果类似，但2030年大专以上就业人数将达7.3亿人，似有不妥。如果每年增加1.5亿人，2030年达3.6亿人，笔者认为较为合适。

模拟增长率和真实增长率在长期上一致。从图 4 –6 中可以看出，虽然我们只考虑高素质劳动力就业人数这一变量，但是，模拟的增长率与现实的经济增长率均值基本相等。通过比较实际经济增长率曲线和模拟经济增长率曲线之间的面积，我们发现，1996 ~2003 年虚线和实线围成的面积 +2011 ~2015 年虚线和实线围成的面积≈2003 ~2011 年虚线和实线围成的面积。具体而言，模拟经济增长率均值为 9.6%，实际经济增长率均值为 9.4%，相差 0.2%，差距非常小。也就是说，大学毕业生就业人数的变化可以预测长期的经济增长，即平均增长率。因此模拟结果更多的是熨平了经济波动之后对长期经济增长的预测。

模拟结果对短期波动预测效果欠佳。在 1996 ~2015 年，模拟的增长率有 11 年的变化趋势与真实增长率相同，另外 9 年的模拟增长率和真实增长率变化趋势相反。这说明模型只有一半左右的概率能够预计短期经济增长的变化趋势。这一结果是由于我们的数理模型研究的主要是长期经济增长，而不是短期经济波动，所以我们的模拟结果对短期经济增长的变化虽有所反映，但是仍然与实际经济增长率相差较大。具体而言，我们发现 1997 ~2000 年模拟的经济增长率与实际经济增长率变化趋势相同，但变化幅度更小。2001 ~2007 年模拟的增长率与实际增长率变化趋势相反，这说明本模型还有待改进。2008 ~2015 年两者变化趋势相同（除 2011 年外），模拟值变化幅度更小。2016 ~2030 年的模拟值表明，如果中国的高素质劳动力数量能持续增加，中国经济仍然有望以很高的增长率扩张。

高等教育的扩张抑制了中国经济增长下滑。改革开放以来，随着中国与发达国家技术水平差距的缩小，中国引进国外技术的交易成本不断上升，具体表现为技术模仿成本 ζ 从 1996 年的 0.11 上升到 2015 年的 0.16，上升了约 45%，此时中国的经济增长率理应不断下降。但是自 1999 年开始的高校扩招急剧地增加了中国具有大学毕业文凭的劳动者数量，如 1996 年的就业人口中具有大专以上学历的人口为 1930 万人，2015 年此数字已经扩大为 1.35 亿人，增长了约 6 倍。大量高素质劳动力投入引进技术中来，又推动了技术引进，乃至技术创新，从而推动了中国经济增长率，使中国的经济增长一直保持高位。

（三）稳健性检验

为了探讨不同方程组对模拟结果的影响，我们同时给出依据其他方程组校准的参数对应的模拟结果，如图 4 –7 所示。

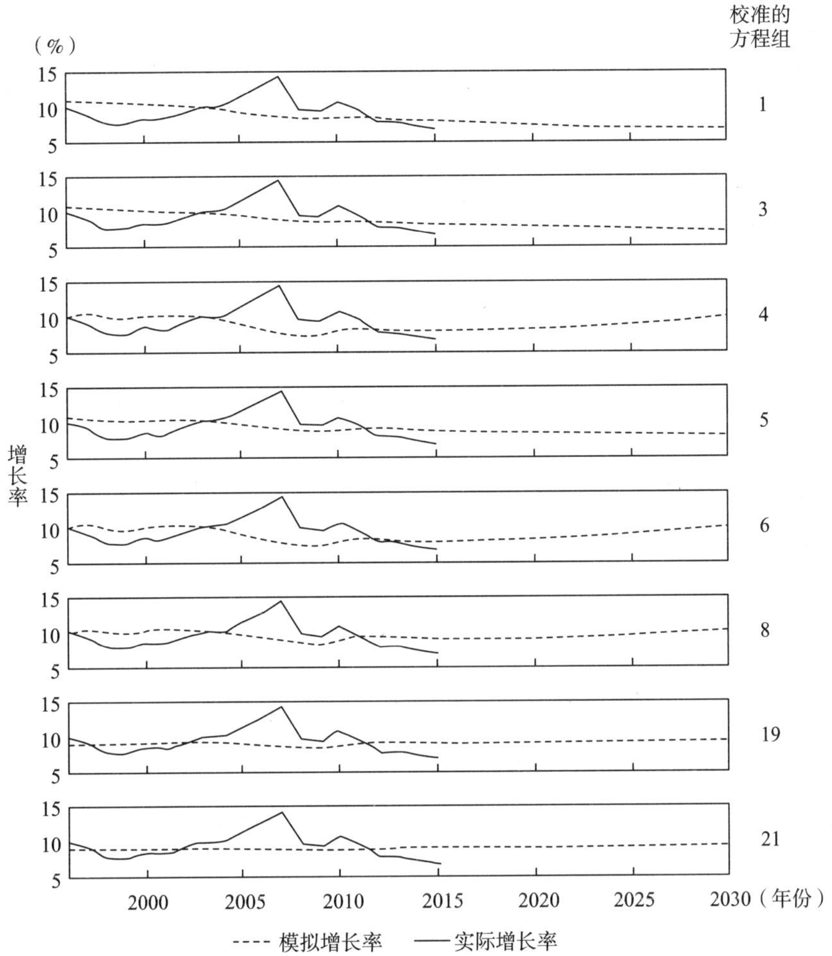

图 4－7　各个方程组的校准参数对应模拟

资料来源：《中国劳动统计年鉴》《中国统计年鉴》。

从图 4－7 可以看出，这些图形模拟的增长率和基准的模拟结果类似。8 个图形的共性有两个。

第一，中国 2016～2030 年有望实现 8% 左右的经济增长。2016～2030 年，全部 8 个模拟图形的平均增长率为 7.9%，增长率的最高值为方程组 21 校准参数对应的 2017 年的增长率——9.0%，最小值为方程组 1 对应的参数模拟的 2030 年增长率——6.2%。虽然最大值和最小值有所差异，但是它们都暗示中国有望实现中高速的长期增长。按不同方程组校准的参数分，2016～2030 年平均增长率最高的为方程组21的参数对应的模拟结果，平均增长率为8.8%，最低的为方程组1的参数对应的平均增长率——7.1%，其余6个方程组对应参数的模拟结果都处于两者之间。这些结果都表明中国有望实现长期的中高速经济增长。

第二，中国已经不太可能实现长期的10%以上的高速增长。8个图形都表明中国不太可能在未来10多年保持10%左右的高速增长。8个图形中的2016~2030年的增长率无一达到10%以上，大部分为7%~8%。这是由于随着中国越来越接近技术前沿，可以引进的技术越来越少，在模拟结果中，具体表现为技术模仿成本ζ的变化，8个模拟结果的平均值从1996年的0.12上升为2015年的0.25，上升了约1倍，因而增长率下降。虽然中国独立创新的能力越来越强，但是创新服从一定的自然规律，不能奢望创新能够显著地提高中国的经济增长率。因此，中国在未来10多年很难再保持10%以上的高速增长。

当然我们也注意到，部分模拟结果显示中国经济有望增速，部分结果显示经济增长放缓。其可能的原因有两个：①短期的经济波动影响了校准参数的准确性。本模型主要研究长期增长，如果经济发生较大波动，则超出模型研究范围，用此时的数据校准参数时，其参数将偏离正常值，造成模拟结果欠佳。例如，1998年或1999年中国经济受东南亚金融危机的影响，增长放缓，如果校准过程中使用1998年或1999年的数据，则校准的参数值（B，b，a）将偏离正常值，造成模拟结果的偏差。②校准时，MATLAB对方程组求解的过程准确性欠佳。MATLAB的求解方式为使用Fsolve求解非线性方程组。但很多时候方程组的解都不能使3个方程同时成立，如在方程组6的求解过程中，1996年、2004年、2012年3个方程左右两边的差距分别为0.21%、0.49%、0.34%，由于求解的不准确，不同方程组的模拟结果也可能产生一定的误差。

（四）进一步的讨论

经济增长的动力来源于多个方面，但是在一定的历史时期，某一种动力起主导作用。在中国改革开放初期，经济增长的主要动力来源于资本。当前，随着信息产业的兴起与渗透，技术成为中国经济增长的最重要动力来源。BAT的产生与发展说明了技术对中国经济巨大的推动作用。当前中国的很多学科和世界技术前沿仍然有很大的差距，发达国家仍然有很多技术可以为我所用，如SpaceX公司的重型猎隼火箭、Intel芯片制造等。在9个模拟结果中技术模仿成本ζ在2015年仍然为0.24，而发达国家的ζ值为1，其中的差为0.76，此值即为中国增长的潜力。故而，我们应当对未来的经济增长抱有绝对的信心，而这些可以引进学习

的技术正是中国经济增长的潜力所在。

第四节　研究结论

本章我们撰写了两个模型。第一个模型是在已有的经典的内生增长理论模型（Acemogu 和 Zilibotti，2001）的基础上，考虑了发展中国家的技术引进将随着与发达国家的技术水平差距的缩小而放缓的假设，并提出人才而不是资本是研发新中间产品的核心投入要素。第二个模型在已有的模型框架（Acemogu 和 Zilibotti，2001）下，用之来探讨发展中国家的问题。

综合两个模型，我们得出以下几个结论。

第一，中间产品质量种类增加的技术进步可以促进大学毕业生的就业。人类所创造的中间产品种类就像一个圆球，种类越多，圆球的直径越大，而圆球的表面积则象征着研发的前沿。中间产品种类越多，研发前沿越广，可研发的新品种就越丰富。可以研发的新中间产品越多，研发企业越多，劳动力市场对大学毕业生需求增加，大学毕业生就业人数必然上升。当然在新古典的工资等于劳动的边际产出、工人按照保留工资就业的前提下，具体表现为大学毕业生的工资上升，而愿意出来工作的大学毕业生比例上升，因此大学毕业生的就业人数增加。

第二，发展中国家随着引进技术难度的加大，单位时间内新增的就业人数在下降。发展中国家的技术进步主要依靠模仿、引进发达国家的技术。在发展初期发展中国家与发达国家的技术水平差距巨大，发展中国家很容易从发达国家引进技术，技术进步较快，模仿、研发中间产品的企业如雨后春笋般涌现，这些企业提供了大量适合大学毕业生的工作岗位，大学毕业生新增就业人数很快。但是随着发展中国家与发达国家之间技术水平差距的收窄，发展中国家从发达国家引进技术的难度日益加大，因此新增的研发企业的数量将会下降，对应的适合大学毕业生的工作岗位增量下降，新增的大学毕业生就业人数下降。

第三，发展中国家的经济增长将随着与发达国家技术水平差距的缩小而放缓，但是充分发挥高素质人群研发新中间产品的能力可以有效抑制经济增长放缓。由于发展中国家从发达国家引进技术服从先快后慢的规律，而技术进步是发展中国家经济增长的关键动力，因此发展中国家的经济增长将随着发展中国家技术引进速度的下降而逐渐放缓。但是技术模仿、创新的关键是人才，只要发展中国家能够发挥自己的人才优势，推动独立创新，则必然极大地调动以大学毕业生群体为主的科研人员研发出更多的新中间产品，推动该国的技术进步，推动经济快速、均衡增长，并可以同时完成发展中国家的经济结构转型升级。

第四，大学毕业生人数的增加可以促进经济增长。更多的大学毕业生提升中间产品研发的成功概率，促进技术进步，推动经济增长。同时大学毕业生人数越多，研发的利润越高，利率越高，资本的价格越高，资本积累越多，经济增长越快。

第五，发展中国家大学毕业生与非大学毕业生的工资差距的变化是不确定的。在大学毕业生负责研发的模型中，大学毕业生和非大学毕业生的工资都随着经济增长而同步上升，但由于发展中国家从发达国家引进技术越来越困难，具体表现为研发交易成本的上升，而交易成本的上升将导致大学毕业生工资下降，因此两者的工资差距将逐步缩小。在大学毕业生和高级机器匹配的模型中，大学毕业生、非大学毕业生的工资都将随着经济增长同步提升，所以两者的工资差距为一个定值。

第五章　技术进步与大学毕业生就业的计量检验

本章我们首先对此前的理论模型进行梳理，明确每个模型中技术进步与大学毕业生就业的关系，并对其中的原因给予解释。

之后我们利用中国省级和大中型工业企业分行业的面板数据对模型进行计量检验。在构建计量模型的过程中，我们综合第三章和第四章的模型结论。构建一个计量方程。模型检验的结果表明，技术进步有利于推动大学毕业生就业。为检验计量结果的稳健性，我们还利用工具变量法、考虑高等教育扩招的影响、聚类标准误三种方法进行稳健性检验。稳健性检验的结果表明，计量结果是稳健的。

第一节　理论梳理

下面我们将总结第三章和第四章数理模型的逻辑链条，说明技术进步与大学毕业生就业之间的关系。

一、中间产品质量提升的技术进步与大学毕业生就业

中间产品的质量升级推动大学毕业生就业人数扩大。当技术进步呈现为中间产品质量升级的形式，新的生产效率更高的中间产品由受过大学教育的劳动者研发时，中间产品质量的升级可以提升最终产品的生产效率，使中间产品的需求增加，中间产品的研发变得更加有利可图，因此将会刺激更多的企业来投入研发，大学毕业生的需求将会因此扩大，因此技术进步将有利于大学毕业生的就业。大学毕业生就业的改善将有利于生产效率更高的中间产品的研发，又进一步改善大学毕业生的就业。如此周而往复，大学毕业生的就业将会随着技术进步而不断改

善。由于发展中国家从发达国家引进技术服从先快后慢的自然规律（Marchetti，1988，1996；Ayres 和 Robert，1990a，1990b；Grübler 和 Arnulf，1990；郭熙保，2000；林毅夫和张鹏飞，2005），发展中国家对大学毕业生的需求也必然服从增量逐渐放缓的规律，因此在技术进步过程中，虽然大学毕业生的就业状况有所改善，但是技术进步速度的放缓也必然导致大学毕业生就业人数增量的减少。例如，ERP（企业资源计划）软件的不断升级可以促进企业生产效率的提升，促进企业对这种软件的需求，研发的收益增加导致研发此种软件的企业蜂拥而起，而这些企业将需要众多的大学毕业生，大学毕业生就业人数增加。大学毕业生就业人数的增加又反过来可以促进软件的升级，使研发新软件更加有利可图，进而吸引更多的研发企业设置研发岗位，增加大学毕业生就业人数。如此周而往复，大学毕业生的就业人数随着软件的升级不断上升。但是随着中国从国外引进 ERP 软件难度的增加，软件升级的速度放缓导致大学毕业生就业人数的增额变小。

在由资本推动的中间产品质量升级的情况下，大学毕业生的需求由中间产品质量升级的速度决定。如果中间产品质量升级越快，大学毕业生的需求增加得也越快，大学毕业生工资上升更快，大学毕业生的就业人数增加得越快。在发展中国家技术引进越来越困难的情况下，发展中国家技术进步的速度从最初的最高速度逐渐下降，最终其技术进步的速度将与发达国家持平。因此在发展中国家技术引进的初期，大学毕业生的需求迅速增加，就业人数高速增长，但是随着发展中国家技术进步速度的下降，大学毕业生就业人数的增量将不断下降。例如，随着中国银行业主要使用的计算工具从算盘转变成电脑，银行业对大学毕业生这种高素质劳动者的需求越来越多，大学毕业生在银行的就业人数显著上涨。但是随着这一转变过程的完成，银行业提供的适合大学毕业生的工作岗位数量增加额也将逐渐下降。

二、中间产品种类增加的技术进步与大学毕业生就业

中间产品种类的增加千万倍地扩大了最终产品的生产效率，由于企业是在边际产出等于工资的条件下雇用工人的，企业雇用的工人数量越多，雇用的大学毕业生人数也会随之按比例增加。虽然最终产品生产效率的提高造成一定数量的劳动者失业，但是失业人口中大部分都是教育背景相对较差的劳动者，大学毕业生总的就业人数仍会增加。发展中国家由于可以直接模仿发达国家的技术，因此技

术进步速度更快，大学毕业生就业人数的增加更多，但是随着发展中国家从发达国家引进技术速度的降低，新增的就业人数将逐渐下降。例如捕鱼，企业通过研发搜索鱼群的雷达，而大大提高了捕鱼的效率，同时捕鱼雷达的发明也为通过自动化设备与雷达的配合提供了机会。在利润的驱动下，研发企业将会雇用大学毕业生研究利用雷达捕鱼的自动化设备，改善了大学毕业生的就业。最初我们可以通过模仿发达国家的相应技术迅速进步，但是随着我们与发达国家技术水平差距的缩小，各种各样防止技术扩散的壁垒会越来越多，模仿发达国家的技术越来越困难，中国的技术进步速度也逐渐放缓，对大学毕业生的需求增长放缓，技术进步对改善大学毕业生就业的作用也逐渐削弱。

三、总结

第三章和第四章的数理模型主要从需求的角度探讨大学毕业生的就业问题。数理模型大都发现技术进步可以促进大学毕业生的就业。

除了技术进步，大学毕业生总体的人数、非大学毕业生人数、经济增长率都是影响大学毕业生就业的因素。

第二节　计量模型和数据

考虑到各个变量值都是均衡状态下的数值，所以我们用就业人数方程式（4－49）估计创新对大学毕业生就业的影响。下面，我们利用中国省级面板、大中型工业分行业面板①两个层面的数据检验技术创新与大学毕业生就业的关系。

一、计量模型

对方程式（4－49）取对数，得

① 以下简称行业面板。

$$\ln H^* = \frac{1}{2-a}\left\{\ln\left[\frac{a\beta^2(1-\beta)}{b_H b_L \delta^{1-\beta}}\right] + 2\ln N + \ln L + \ln\gamma + (1-a)\ln H\right\} \tag{5-1}$$

此方程根据前一节阐述的理论，综合考虑我们所探讨的四个模型，把解释变量设为大学毕业生就业人数，被解释变量为技术进步指数、非大学毕业生就业人数、全要素生产率、经济增长率等变量。考虑经典理论中，物价水平和投资会影响就业，并根据已有的模型（马双等，2012），我们把计量模型设为

$$\ln H_{it}^* = \psi_0 + \psi_1 Tech_{it} + \eta Z_{it} + u_i + year_t + \varepsilon_{it} \tag{5-2}$$

其中，i 表示省份或行业。方程式（5－2）检验：省份或行业 i 在时间 t 的技术创新（Techit）对该省份、行业大学毕业生就业（H_{it}^*）的影响，预期 ψ_1 的符号显著为正。Z_{it} 为控制变量向量，u_i 表示省份或行业固定效应，$year_t$ 表示时间固定效应。

由方程式（5－2）、经典理论和马双等（2012）的论文，控制变量向量 Z_{it} 包括如下变量：①非大学毕业生就业人数的对数。②经济增长率：经济增长越快，劳动力市场提供的适合大学毕业生的就业岗位越多，大学毕业生就业人数越多。③居民消费价格指数：根据菲利普斯曲线，通货膨胀率越高，就业率越高，就业人数越多。④总资本：资本存量越大，就业机会更多，就业人数扩大。⑤全要素生产率：TFP 越高，技术水平越高，应当影响劳动力的就业人数。⑥外包：外包多的行业，提供的大学毕业生就业机会更少。

二、核心变量及其来源

（一）大学毕业生就业人数

省级面板数据中，我们用各省大专以上学历的就业总人数表示大学毕业生就业人数。大专以上学历就业人数通过如下方法获得：首先从《中国统计年鉴》获得总的就业人数，然后利用《中国劳动统计年鉴》获得大专以上学历就业人数所占比例，两者相乘，即得大专以上学历就业人数。

行业面板中，由于缺乏大专以上人数的数据，大学毕业生就业人数取自《中国科技统计年鉴》大中型工业企业各行业科学家和工程师人数之和。

（二）技术创新

我们用 5 个不同的指标来度量技术创新，即专利授权数、技术市场成交合同

金额、其他技术活动经费支出、专利申请数、发明型专利申请数。选取专利授权数的依据为已有文献（Boldrin 和 Levine，2013；Moser，2013）。技术创新指标越高，此地技术市场更加活跃，技术市场成交合同金额越大。所以，这一指标虽不像专利授权数那么直接，但是也可以衡量技术创新。付明卫等（2015）用发明型专利申请数量度量自主创新，有鉴于此，本文尝试用专利申请数量、发明型专利申请数量来度量技术创新。

省级面板中，我们用专利授权数、技术市场成交合同金额、专利申请数量、发明型专利申请数量来度量技术创新。其中，第一个指标来自国家知识产权局网站，后三个指标来自中经网统计数据库。

行业面板数据中，我们用专利授权数、其他技术活动经费支出、专利申请数量、发明型专利申请数量来度量技术创新。其中，其他技术活动经费支出包括技术改造经费、技术引进经费、消化吸收经费和购买国内技术经费 4 种。4 个指标均来自《中国科技统计年鉴》。

（三）工具变量的选取

为了解决模型的内生性问题，本文拟在省级面板数据中引入工具变量。采用各地区的开放程度、铁路里程数、公路里程数作为技术创新指标的工具变量，工具变量需要满足相关性和外生性条件。具体而言，开放程度采用进出口总额与 GDP 之比（钞小静和沈坤荣，2014），开放程度越高，与国外的交流越多，越容易学习到西方先进国家的技术，技术创新越多，同时其可能获得的专利越多，当地技术市场成交合同金额越大。铁路和公路与开放程度的作用类似。此外，我们认为开放程度、铁路里程数、公路里程数都不能直接影响到当地大学毕业生的就业。

在行业面板中，我们采用新产品价值作为技术创新指标的工具变量。新产品价值越大，在一定程度上说明这个行业创新踊跃。新产品价值很难直接影响大学毕业生的就业。新产品价值的供给方面由新产品生产中投入的资本、劳动决定，需求方面由市场开发决定。

三、数据来源和统计特征

省级层面数据为 1996 ~2010 年 31 个省的面板数据。非大学毕业生就业人数为《中国统计年鉴》中各省总就业人数与大学毕业生就业人数之差。各个省份

GDP 增长率、居民消费价格指数来源于《中国统计年鉴》。各省的资本存量、劳动力人数采用刘瑞翔和安同良（2012）的数据。各省的全要素生产率是通过各个年份全国各省劳动和资本的存量通过 OLS 回归获得。其中部分年份的数据缺失，我们利用相邻年份的数据求平均获得此项数据。重庆和四川的数据根据临近年份两者的比例拆分获得。我们的数据始于 1996 年，终于 2010 年。因为 1996 年是最早可以获得大学毕业生就业人数的年份，此前大学毕业生在就业人数中所占比例《中国劳动统计年鉴》未有收录，2010 年之后，刘瑞翔和安同良（2012）的论文中无各省资本存量数据。由于西藏的技术市场成交合同金额、资本数量缺失，我们剔除西藏自治区的数据。进出口总额、铁路里程数、公路里程数都来自《中国统计年鉴》。

行业层面数据为大中型工业企业 1999～2010 年 36 个行业的面板数据。非大学毕业生就业人数取自大中型工业企业分行业就业人数，来自《中国科技统计年鉴》。经济增长率根据大中型工业企业各个行业的工业总产出利用工业品出厂价格指数折算成 1999 年的产出，然后分别计算得出。资本数据参考喻美辞和熊启泉（2012）的方法，采用固定资产净值，并以固定资产投资价格指数进行平减，相关数据来自《中国统计年鉴》。TFP 根据资本、劳动、产出，通过柯布—道格拉斯生产函数，逐年 OLS 回归计算得出。外包（OS）采用孙文杰（2014）的数据。

全部变量的统计特征如表 5－1、表 5－2 所示。

表 5－1　变量的统计特征（省级面板）

变量	含义	样本数	均值	标准差	中位数	最小值	最大值
$\ln H^*$	大专以上学历就业人数对数	450	4.599	0.844	4.648	1.849	6.430
Tech1	专利授权数（万件）	450	0.656	1.447	0.223	0.004	13.838
Tech2	技术市场成交合同金额（兆元）	448	0.005	0.013	0.002	0.000	0.158
Tech3	专利申请数（万件）	450	1.177	2.385	0.369	0.009	23.587
Tech4	发明型专利申请数（万件）	450	0.280	0.581	0.079	0.002	5.030
Open	开放程度	465	0.325	0.701	0.117	0.000	12.805

续表

变量	含义	样本数	均值	标准差	中位数	最小值	最大值
RW	铁路里程（千米）	455	2339.898	1459.382	2295.500	213.900	8947.100
HW	公路里程（千米）	465	73460.740	55372.580	57850.000	3881.000	266082.000
$\ln L^*$	普通劳动力就业人数的对数	450	7.348	0.865	7.482	5.394	8.640
γ	经济增长率（%）	450	11.536	2.477	11.450	4.700	23.800
CPI	居民消费价格指数	450	102.180	2.927	101.700	96.400	111.600
K	总资本（兆元）	450	1.416	1.356	1.000	0.078	9.006
TFP	全要素生产率	450	0.434	0.128	0.414	0.219	0.820

表 5－2　变量的统计特征（行业面板）

变量	含义	样本数	均值	标准差	中位数	最小值	最大值
$\ln H^*$	科学家和工程师人数之和对数	432	－0.020	1.526	－0.022	－5.259	3.331
Tech1	专利授权数（万元）	432	0.094	0.284	0.025	0.000	4.113
Tech2	其他技术活动经费支出（兆）	419	0.008	0.015	0.003	0.000	0.131
Tech3	专利申请数（万元）	431	0.192	0.475	0.046	0.000	4.621
Tech4	发明型专利申请数（万元）	393	0.075	0.263	0.013	0.000	2.891
NY	新产品价值（万元）	430	8220749	1.96E＋07	1573168	100	1.67E＋08
$\ln L^*$	普通劳动力就业人数的对数	431	4.172	1.011	4.189	1.536	6.408
γ	经济增长率（%）	432	0.178	0.147	0.169	－0.307	1.191
K	总资本（兆元）	432	0.176	0.308	0.079	0.003	2.787
OS	总外包	432	0.111	0.071	0.102	0.007	0.416
TFP	全要素生产率	431	10.113	6.458	9.179	1.185	37.783

第三节 实证分析

一、创新与大学毕业生就业：基准模型

表5－3、表5－4给出了实证模型式（5－1）的基准回归结果。表5－3为省级面板的估计结果，表5－4为行业面板的估计结果。

表5－3 省级面板、专利授权数、技术市场成交合同金额

被解释变量（$\ln H^*$）	(1) OLS	(2) FE	(3) IV	(4) OLS	(5) FE	(6) IV
专利授权数	0.036*** (0.014)	0.036** (0.015)	0.157*** (0.052)			
技术市场成交合同金额				2.348* (1.262)	2.348* (1.241)	13.171*** (3.748)
$\ln L^*$	0.764*** (0.243)	0.764** (0.362)	0.241 (0.362)	0.782*** (0.247)	0.782** (0.365)	0.143 (0.345)
K	−0.025 (0.027)	−0.025 (0.034)	−0.175*** (0.062)	0.019 (0.020)	0.019 (0.031)	0.015 (0.021)
TFP	−0.096 (0.360)	−0.096 (0.632)	−0.482 (0.386)	−0.010 (0.360)	−0.010 (0.650)	−0.142 (0.374)
γ	−0.003 (0.007)	−0.003 (0.007)	0.004 (0.008)	−0.003 (0.008)	−0.003 (0.008)	0.006 (0.008)
CPI	0.012 (0.011)	0.012 (0.013)	0.005 (0.011)	0.018 (0.011)	0.018 (0.013)	0.036*** (0.012)
常数项	−1.476 (2.173)	−2.964 (3.528)		−1.866 (2.046)	−2.373 (3.462)	

续表

被解释变量（$\ln H^*$）	(1) OLS	(2) FE	(3) IV	(4) OLS	(5) FE	(6) IV
省份虚拟变量	控制			控制		
年度虚拟变量	控制	控制	控制	控制	控制	控制
样本数	450	450	450	448	448	448
R^2	0.942	0.797	0.769	0.941	0.796	0.763

注：括号内为稳健的标准误；***、**和*分别表示1%、5%和10%的显著水平。工具变量中，模型（3）的Kleibergen－Paap rk Wald F统计量为10.729，大于10的经验值，因此拒绝弱工具变量的原假设；Hansen J统计量为5.189，在5%的显著水平上不能拒绝工具变量为外生的原假设。模型（6）的Kleibergen－Paap rk Wald F统计量为10.647，大于10的经验值，因此拒绝弱工具变量的原假设；Hansen J统计量为4.381，在10%的显著水平上不能拒绝工具变量为外生的原假设。

表5－4　行业面板、专利授权数、其他技术活动经费支出

被解释变量（$\ln H^*$）	(1) OLS	(2) FE	(3) IV	(4) OLS	(5) FE	(6) IV
专利授权数		0.345*** (0.065)	0.345*** (0.106)	0.350*** (0.072)		
其他技术活动经费支出				2.502*** (0.942)	2.502 (1.569)	19.996** (8.294)
$\ln L^*$	0.444*** (0.049)	0.444*** (0.067)	0.428*** (0.048)	0.447*** (0.056)	0.447*** (0.074)	0.436*** (0.059)
OS	−2.166*** (0.635)	−2.166 (1.284)	−1.703*** (0.488)	−1.022* (0.542)	−1.022 (0.970)	−0.992* (0.559)
K	−0.195** (0.079)	−0.195 (0.166)	−0.234*** (0.067)	−0.181* (0.098)	−0.181 (0.210)	−0.457*** (0.112)
TFP	0.020*** (0.006)	0.020** (0.010)	0.019*** (0.006)	0.012* (0.007)	0.012 (0.011)	0.002 (0.008)
γ	−0.205* (0.120)	−0.205 (0.168)	−0.134 (0.108)	−0.130 (0.116)	−0.130 (0.137)	−0.151 (0.120)
常数项	−1.037*** (0.270)	−1.806*** (0.227)		−1.233*** (0.314)	−1.901*** (0.286)	

续表

被解释变量（$\ln H^*$）	（1）OLS	（2）FE	（3）IV	（4）OLS	（5）FE	（6）IV
省份虚拟变量	控制			控制		
年度虚拟变量	控制	控制	控制	控制	控制	控制
样本数	431	431	429	418	418	418
R^2	0.980	0.798	0.817	0.982	0.806	0.722

注：括号内为稳健的标准误；***、** 和 * 分别表示 1%、5% 和 10% 的显著水平。工具变量中，模型（3）的 Kleibergen – Paap rk Wald F 统计量为 12.381，大于 10 的经验值，因此拒绝弱工具变量的原假设；由于工具变量和原变量都只有一个，为恰好识别，无法给出 Hansen J 统计量。模型（6）的 Kleibergen – Paap rk Wald F 统计量为 13.713，大于 10 的经验值，因此拒绝弱工具变量的原假设；由于工具变量和原变量都只有一个，为恰好识别，无法给出 Hansen J 统计量。

表 5 – 3 中模型（1）~ 模型（3）的技术创新指标为专利授权数，分别采用 OLS、面板数据的固定效应（FE）和面板数据的工具变量法（IV）进行回归。省级面板中，IV 采用开放程度、铁路里程数、公路里程数作为工具变量。（4）~（6）列采取了技术市场成交合同金额作为技术创新指标，同样使用了 OLS、FE、IV 三种估计方法。

表 5 – 4 的 6 个估计模型与表 5 – 3 类似。表 5 – 3 与表 5 – 4 唯有两点不同。第一，表 5 – 4（4）~（6）列的技术创新指标更换为其他技术活动经费支出；第二，由于无法找到合适的数据，表 5 – 3 中没有控制变量总外包 OS，表 5 – 4 中没有控制变量 CPI。

表 5 – 3、表 5 – 4 的结果表明，模型（5 – 2）所关心的估计系数 ψ_1 为正，这说明技术创新促进了大学毕业生就业，与数理模型的结论完全相同。具体而言，在表 5 – 3 的模型（1）中省级面板中专利授权数每增加 1 万件，大学毕业生就业增加 3.6%。表 5 – 4 的模型（1）表明，专利授权数每增加 1 万件，此行业的科学家和工程师的就业增加 35%。可见，专利的增加可以扩大大学毕业生的就业。当然我们也注意到参与研发的主要是科学家和工程师，而不是全部大学毕业生，所以技术创新指标的上升，对科学家和工程师的就业推动作用更大，而大学毕业生的就业扩大得较慢。同样，表 5 – 3 的模型（4）说明，技术市场成交合同金额增加 100 亿元，大学毕业生就业增加 2.3%。表 5 – 4 的第（4）列证明，其他技术活动经费支出增加 100 亿元，科学家和工程师的就业增加 2.5%。

其原因如下。首先，技术创新越活跃，研发对大学毕业生的需求越多，大学毕业生就业越多。其次，技术创新越活跃，最终产品生产部门的生产率越高，对包括大学毕业生的各种劳动力的需求越大。总之，技术创新越活跃，大学毕业生就业越多。

二、以专利申请数为技术创新指标的估计结果：进一步检验

表5－5和表5－6与表5－3和表5－4估计方法、控制变量相同，唯有技术创新指标换为专利申请数量、发明型专利申请数量。表5－5、表5－6分别为省级面板、行业面板的估计结果。

表5－5　省级面板、专利申请数、发明型专利申请数

被解释变量（$\ln H^*$）	(1) OLS	(2) FE	(3) IV	(4) OLS	(5) FE	(6) IV
L. 专利申请数	0.036*** (0.012)	0.036** (0.016)				
专利申请数			0.098*** (0.030)			
L. 发明型专利申请数				0.130*** (0.046)	0.130** (0.055)	
发明型专利申请数						0.297*** (0.083)
$\ln L^*$	0.546** (0.268)	0.546 (0.420)	0.308 (0.334)	0.509* (0.277)	0.509 (0.416)	0.294 (0.328)
K	−0.047 (0.031)	−0.047 (0.034)	−0.196*** (0.062)	−0.029 (0.026)	−0.029 (0.032)	−0.116*** (0.042)
TFP	−0.033 (0.327)	−0.033 (0.509)	−0.574 (0.385)	−0.033 (0.328)	−0.033 (0.536)	−0.424 (0.378)
γ	−0.006 (0.007)	−0.006 (0.008)	0.001 (0.007)	−0.004 (0.007)	−0.004 (0.008)	0.004 (0.008)
CPI	0.004 (0.011)	0.004 (0.014)	0.008 (0.011)	0.008 (0.011)	0.008 (0.014)	0.019* (0.010)

续表

被解释变量（$\ln H^*$）	（1） OLS	（2） FE	（3） IV	（4） OLS	（5） FE	（6） IV
常数项	1.124 （2.282）	0.969 （3.992）		0.887 （2.257）	0.772 （3.900）	
省份虚拟变量	控制			控制		
年度虚拟变量	控制	控制	控制	控制	控制	控制
样本数	420	420	450	420	420	450
R^2	0.945	0.780	0.776	0.945	0.780	0.785

注：括号内为稳健的标准误；***、** 和 * 分别表示 1%、5% 和 10% 的显著水平。工具变量中，模型（3）的 Kleibergen－Paap rk Wald F 统计量为 12.241，大于 10 的经验值，因此拒绝弱工具变量的原假设；Hansen J 统计量为 5.061，在 5% 的显著水平上不能拒绝工具变量为外生的原假设。模型（6）的 Kleibergen－Paap rk Wald F 统计量为 21.108，大于 10 的经验值，因此拒绝弱工具变量的原假设；Hansen J 统计量为 4.640，在 5% 的显著水平上不能拒绝工具变量为外生的原假设。

表 5－6　行业面板、专利申请数、发明型专利申请数

被解释变量（$\ln H^*$）	（1） OLS	（2） FE	（3） IV	（4） OLS	（5） FE	（6） IV
L. 专利申请数	0.287*** （0.052）	0.287*** （0.088）				
专利申请数			0.185*** （0.038）			
L. 发明型专利申请数				0.470*** （0.085）	0.470*** （0.139）	
发明型专利申请数						0.439*** （0.083）
$\ln L^*$	0.472*** （0.057）	0.472*** （0.075）	0.422*** （0.049）	0.457*** （0.060）	0.457*** （0.082）	0.444*** （0.057）
OS	－2.098*** （0.642）	－2.098 （1.258）	－1.565*** （0.469）	－1.979*** （0.645）	－1.979 （1.201）	－1.744*** （0.476）
K	－0.201** （0.087）	－0.201 （0.165）	－0.222*** （0.075）	－0.184** （0.094）	－0.184 （0.162）	－0.237*** （0.076）

续表

被解释变量（$\ln H^*$）	（1）OLS	（2）FE	（3）IV	（4）OLS	（5）FE	（6）IV
TFP	0.022*** （0.007）	0.022** （0.009）	0.015*** （0.005）	0.025*** （0.007）	0.025** （0.010）	0.021*** （0.006）
γ	-0.231* （0.131）	-0.231 （0.177）	-0.137 （0.107）	-0.261** （0.128）	-0.261 （0.176）	-0.144 （0.108）
常数项	-2.215*** （0.389）	-3.008*** （0.439）		-2.081*** （0.414）	-2.942*** （0.498）	
省份虚拟变量	控制			控制		
年度虚拟变量	控制	控制	控制	控制	控制	控制
样本数	394	394	428	356	356	390
R^2	0.981	0.806	0.816	0.982	0.822	0.825

注：括号内为稳健的标准误；***、**和*分别表示1%、5%和10%的显著水平。工具变量中，模型（3）的Kleibergen-Paap rk Wald F统计量为66.555，大于10的经验值，因此拒绝弱工具变量的原假设；由于工具变量和原变量都只有一个，为恰好识别，无法给出Hansen J统计量。模型（6）的Kleibergen-Paap rk Wald F统计量为18.594，大于10的经验值，因此拒绝弱工具变量的原假设；由于工具变量和原变量都只有一个，为恰好识别，无法给出Hansen J统计量。

考虑到专利申请、发明型专利申请的数量与大学毕业生就业互为因果关系，我们在 *OLS* 和 *FE* 估计中把技术创新指标滞后一期。*IV* 仍然用开放程度、铁路里程数、公路里程数作为工具变量。

表5-5与表5-3的估计结果基本相同。我们注意到表5-3和表5-5的模型（1）~模型（2）的估计系数都为0.036左右，且两者显著水平完全相同；模型（3）的估计系数显著为正；表5-5的模型（4）~模型（6）发明型专利申请数的估计系数也为正。表5-6和表5-4的模型（1）~模型（2）的估计系数差别很小，且两者的显著水平相同；模型（3）的估计系数显著为正；表5-6的模型（4）~模型（6）发明型专利申请数的估计系数为正。

总之，表5-5和表5-6中技术创新的估计系数 ψ_1 显著为正，这表明技术创新越活跃，大学毕业生就业越多，进一步证实了数理模型的结论。

第四节　稳健性检验

一、工具变量法

考虑到各地的技术水平不仅受其交通干线绝对量的影响，也将受到其相对量的影响。笔者找到各个省级区域的面积（来自中国中央政府网站和地方政府网站），用其单位面积上交通线路的长度作为技术水平的工具变量。具体而言，工具变量包括每万平方千米公路里程、高速公路长度、水路长度。

表5-7中模型（1）和模型（3）使用全部三个工具变量，模型（2）和模型（4）使用每万平方千米公路里程、水路长度两个工具变量。表5-8的4个模型使用的工具变量与表5-7相同。

表5-7和表5-8的8个模型都证明技术水平越高，大学毕业生就业人数越多。

表5-7　省级面板、专利授权数、技术市场成交合同金额

被解释变量（$\ln H^*$）	（1）	（2）	（3）	（4）
专利授权数	0.195** （0.081）	0.195** （0.081）		
技术市场成交合同金额			8.019*** （2.838）	8.019*** （2.838）
$\ln L^*$	-0.022 （0.464）	-0.022 （0.464）	0.320 （0.309）	0.320 （0.309）
K	-0.214** （0.108）	-0.214** （0.108）	0.029 （0.020）	0.029 （0.020）
TFP	-0.330 （0.457）	-0.330 （0.457）	0.172 （0.341）	0.172 （0.341）

续表

被解释变量（$\ln H^*$）	（1）	（2）	（3）	（4）
γ	0.007 （0.009）	0.007 （0.009）	0.000 （0.008）	0.000 （0.008）
CPI	-0.003 （0.013）	-0.003 （0.013）	0.023* （0.012）	0.023* （0.012）
年度虚拟变量	控制	控制	控制	控制
样本数	423	423	422	422
R^2	0.728	0.728	0.776	0.776

注：括号内为稳健的标准误；***、**和*分别表示1%、5%和10%的显著水平。模型（1）的Kleibergen－Paap rk Wald F统计量为13.274，大于10的经验值，因此拒绝弱工具变量的原假设；Hansen J统计量为0.546，在5%的显著水平上不能拒绝工具变量为外生的原假设。模型（2）的Kleibergen－Paap rk Wald F统计量为13.274，大于10的经验值，因此拒绝弱工具变量的原假设；Hansen J统计量为4.381，在5%的显著水平上不能拒绝工具变量为外生的原假设。模型（3）的Kleibergen－Paap rk Wald F统计量为21.341，大于10的经验值，因此拒绝弱工具变量的原假设；Hansen J统计量为0.010，在5%的显著水平上不能拒绝工具变量为外生的原假设。模型（4）的Kleibergen－Paap rk Wald F统计量为21.341，大于10的经验值，因此拒绝弱工具变量的原假设；Hansen J统计量为0.010，在5%的显著水平上不能拒绝工具变量为外生的原假设。

表5-8　省级面板、专利申请数、发明型专利申请数

被解释变量（$\ln H^*$）	（1）	（2）	（3）	（4）
专利申请数	0.106*** （0.040）	0.106*** （0.040）		
发明型专利申请数			0.235*** （0.088）	0.235*** （0.088）
$\ln L^*$	0.170 （0.363）	0.170 （0.363）	0.323 （0.320）	0.323 （0.320）
K	-0.204** （0.097）	-0.204** （0.097）	-0.077* （0.046）	-0.077* （0.046）
TFP	-0.355 （0.439）	-0.355 （0.439）	-0.071 （0.369）	-0.071 （0.369）

续表

被解释变量（$\ln H^*$）	(1)	(2)	(3)	(4)
γ	0.000 (0.008)	0.000 (0.008)	0.001 (0.008)	0.001 (0.008)
CPI	0.002 (0.012)	0.002 (0.012)	0.013 (0.011)	0.013 (0.011)
年度虚拟变量	控制	控制	控制	控制
样本数	423	423	423	423
R^2	0.756	0.756	0.779	0.779

注：括号内为稳健的标准误；*** 、** 和 * 分别表示 1% 、5% 和 10% 的显著水平。模型（1）的 Kleibergen－Paap rk Wald F 统计量为 27.417，大于 10 的经验值，因此拒绝弱工具变量的原假设；Hansen J 统计量为 0.004，在 5% 的显著水平上不能拒绝工具变量为外生的原假设。模型（2）的 Kleibergen－Paap rk Wald F 统计量为 27.417，大于 10 的经验值，因此拒绝弱工具变量的原假设；Hansen J 统计量为 0.004，在 5% 的显著水平上不能拒绝工具变量为外生的原假设。模型（3）的 Kleibergen－Paap rk Wald F 统计量为 36.542，大于 10 的经验值，因此拒绝弱工具变量的原假设；Hansen J 统计量为 0.025，在 5% 的显著水平上不能拒绝工具变量为外生的原假设。模型（4）的 Kleibergen－Paap rk Wald F 统计量为 36.542，大于 10 的经验值，因此拒绝弱工具变量的原假设；Hansen J 统计量为 0.025，在 5% 的显著水平上不能拒绝工具变量为外生的原假设。

二、考虑 1999 年扩招的影响

2002 年扩招的第一批专科毕业生就业，2003 年扩招的第一批本科毕业生就业。

省级面板中加入一个虚拟变量考虑 2002 年以前和 2002 年以后的差异，对表 5－3、表 5－5 中的全部方程进行回归。行业面板中加入一个虚拟变量考虑 2002 年以前和 2002 年以后的差异，对表 5－4 和表 5－6 中的全部方程进行回归。表 5－9～表 5－12 给出回归结果，技术水平的估计系数为正，并且非常显著。这证明了数理模型的结论。

表 5-9 2002 年前后虚拟变量的添加（省级面板、专利授权数、技术市场成交合同金额）

被解释变量（lnH^*）	(1) OLS	(2) FE	(3) IV	(4) OLS	(5) FE	(6) IV
专利授权数	0.036*** (0.014)	0.036** (0.015)	0.157*** (0.052)			
技术市场成交合同金额				2.348* (1.262)	2.348* (1.241)	13.171*** (3.748)
lnL^*	0.764*** (0.243)	0.764** (0.362)	0.241 (0.362)	0.782*** (0.247)	0.782** (0.365)	0.143 (0.345)
K	-0.025 (0.027)	-0.025 (0.034)	-0.175*** (0.062)	0.019 (0.020)	0.019 (0.031)	0.015 (0.021)
TFP	-0.096 (0.360)	-0.096 (0.632)	-0.482 (0.386)	-0.010 (0.360)	-0.010 (0.650)	-0.142 (0.374)
γ	-0.003 (0.007)	-0.003 (0.007)	0.004 (0.008)	-0.003 (0.008)	-0.003 (0.008)	0.006 (0.008)
CPI	0.012 (0.011)	0.012 (0.013)	0.005 (0.011)	0.018 (0.011)	0.018 (0.013)	0.036*** (0.012)
Kuo Zhao（2002）	0.950*** (0.092)	1.384*** (0.145)	1.440*** (0.114)	0.866*** (0.128)	1.364*** (0.141)	1.368*** (0.124)
常数项	-1.476 (2.173)	-2.964 (3.528)		-2.332 (2.135)	-3.737 (3.471)	
省份虚拟变量	控制			控制		
年度虚拟变量	控制	控制	控制	控制	控制	控制
样本数	450	450	450	448	448	448
R^2	0.942	0.797	0.769	0.941	0.796	0.763

注：括号内为稳健的标准误；***、** 和 * 分别表示 1%、5% 和 10% 的显著水平。工具变量中，模型（3）的 Kleibergen - Paap rk Wald F 统计量为 10.729，大于 10 的经验值，因此拒绝弱工具变量的原假设；Hansen J 统计量为 5.189，在 5% 的显著水平上不能拒绝工具变量为外生的原假设。模型（6）的 Kleibergen - Paap rk Wald F 统计量为 10.647，大于 10 的经验值，因此拒绝弱工具变量的原假设；Hansen J 统计量为 4.381，在 10% 的显著水平上不能拒绝工具变量为外生的原假设。

表 5-10　2002 年前后虚拟变量的添加（行业面板、专利授权数、其他技术活动经费支出）

被解释变量（$\ln H^*$）	(1) OLS	(2) FE	(3) IV	(4) OLS	(5) FE	(6) IV
专利授权数	0.345*** (0.065)	0.345*** (0.106)	0.350*** (0.072)			
其他技术活动经费支出				2.502*** (0.942)	2.502 (1.569)	19.996** (8.294)
$\ln L^*$	0.444*** (0.049)	0.444*** (0.067)	0.428*** (0.048)	0.447*** (0.056)	0.447*** (0.074)	0.436*** (0.059)
OS	-2.166*** (0.635)	-2.166 (1.284)	-1.703*** (0.488)	-1.022* (0.542)	-1.022 (0.970)	-0.992* (0.559)
K	-0.195** (0.079)	-0.195 (0.166)	-0.234*** (0.067)	-0.181* (0.098)	-0.181 (0.210)	-0.457*** (0.112)
TFP	0.020*** (0.006)	0.020** (0.010)	0.019*** (0.006)	0.012* (0.007)	0.012 (0.011)	0.002 (0.008)
γ	-0.205* (0.120)	-0.205 (0.168)	-0.134 (0.108)	-0.130 (0.116)	-0.130 (0.137)	-0.151 (0.120)
Kuo Zhao（2002）	0.304*** (0.050)	0.000 (.)		0.295*** (0.046)	0.000 (.)	
常数项	-1.037*** (0.270)	-1.806*** (0.227)		-1.233*** (0.314)	-1.901*** (0.286)	
省份虚拟变量	控制			控制		
年度虚拟变量	控制	控制	控制	控制	控制	控制
样本数	431	431	429	418	418	418
R^2	0.980	0.798	0.817	0.982	0.806	0.722

注：括号内为稳健的标准误；***、** 和 * 分别表示 1%、5% 和 10% 的显著水平。工具变量中，模型（3）的 Kleibergen - Paap rk Wald F 统计量为 12.381，大于 10 的经验值，因此拒绝弱工具变量的原假设；由于工具变量和原变量都只有一个，为恰好识别，无法给出 Hansen J 统计量。模型（6）的 Kleibergen - Paap rk Wald F 统计量为 13.713，大于 10 的经验值，因此拒绝弱工具变量的原假设；由于工具变量和原变量都只有一个，为恰好识别，无法给出 Hansen J 统计量。

表 5-11 2002 年前后虚拟变量的添加（省级面板、专利申请数、发明型专利申请数）

被解释变量（$\ln H^*$）	(1) OLS	(2) FE	(3) IV	(4) OLS	(5) FE	(6) IV
L. 专利申请数	0.036*** (0.012)	0.036** (0.016)				
专利申请数			0.098*** (0.030)			
L. 发明型专利申请数				0.130*** (0.046)	0.130** (0.055)	
发明型专利申请数						0.297*** (0.083)
$\ln L^*$	0.546** (0.268)	0.546 (0.420)	0.308 (0.334)	0.509* (0.277)	0.509 (0.416)	0.294 (0.328)
K	-0.047 (0.031)	-0.047 (0.034)	-0.196*** (0.062)	-0.029 (0.026)	-0.029 (0.032)	-0.116*** (0.042)
TFP	-0.033 (0.327)	-0.033 (0.509)	-0.574 (0.385)	-0.033 (0.328)	-0.033 (0.536)	-0.424 (0.378)
γ	-0.006 (0.007)	-0.006 (0.008)	0.001 (0.007)	-0.004 (0.007)	-0.004 (0.008)	0.004 (0.008)
CPI	0.004 (0.011)	0.004 (0.014)	0.008 (0.011)	0.008 (0.011)	0.008 (0.014)	0.019* (0.010)
Kuo Zhao（2002）	0.540*** (0.076)	0.751*** (0.156)	1.518*** (0.120)	0.548*** (0.076)	0.699*** (0.145)	1.440*** (0.117)
常数项	1.013 (2.319)	0.218 (3.893)		0.759 (2.290)	0.073 (3.817)	
省份虚拟变量	控制			控制		
年度虚拟变量	控制	控制	控制	控制	控制	控制
样本数	420	420	450	420	420	450
R^2	0.945	0.780	0.776	0.945	0.780	0.785

注：括号内为稳健的标准误；***、** 和 * 分别表示 1%、5% 和 10% 的显著水平。工具变量中，模型（3）的 Kleibergen - Paap rk Wald F 统计量为 12.241，大于 10 的经验值，因此拒绝弱工具变量的原假设；Hansen J 统计量为 5.061，在 5% 的显著水平上不能拒绝工具变量为外生的原假设。模型（6）的 Kleibergen - Paap rk Wald F 统计量为 21.108，大于 10 的经验值，因此拒绝弱工具变量的原假设；Hansen J 统计量为 4.640，在 10% 的显著水平上不能拒绝工具变量为外生的原假设。

表 5－12　2002 年前后虚拟变量的添加（行业面板、专利申请数、发明型专利申请数）

被解释变量（$\ln H^*$）	(1) OLS	(2) FE	(3) IV	(4) OLS	(5) FE	(6) IV
L. 专利申请数	0.287 *** (0.052)	0.287 *** (0.088)				
专利申请数			0.185 *** (0.038)			
L. 发明型专利申请数				0.470 *** (0.085)	0.470 *** (0.139)	
发明型专利申请数						0.439 *** (0.083)
$\ln L^*$	0.472 *** (0.057)	0.472 *** (0.075)	0.422 *** (0.049)	0.457 *** (0.060)	0.457 *** (0.082)	0.444 *** (0.057)
OS	−2.098 *** (0.642)	−2.098 (1.258)	−1.565 *** (0.469)	−1.979 *** (0.645)	−1.979 (1.201)	−1.744 *** (0.476)
K	−0.201 ** (0.087)	−0.201 (0.165)	−0.222 *** (0.075)	−0.184 ** (0.094)	−0.184 (0.162)	−0.237 *** (0.076)
TFP	0.022 *** (0.007)	0.022 ** (0.009)	0.015 *** (0.005)	0.025 *** (0.007)	0.025 ** (0.010)	0.021 *** (0.006)
γ	−0.231 * (0.131)	−0.231 (0.177)	−0.137 (0.107)	−0.261 ** (0.128)	−0.261 (0.176)	−0.144 (0.108)
Kuo Zhao (2002)	0.157 *** (0.051)	0.000 (.)		0.000 (.)	0.000 (.)	
常数项	−0.991 *** (0.309)	−3.008 *** (0.439)		−2.081 *** (0.414)	−2.942 *** (0.498)	
省份虚拟变量	控制			控制		
年度虚拟变量	控制	控制	控制	控制	控制	控制
样本数	394	394	428	356	356	390
R^2	0.981	0.806	0.816	0.982	0.822	0.825

注：括号内为稳健的标准误；***、** 和 * 分别表示 1%、5% 和 10% 的显著水平。工具变量中，模型（3）的 Kleibergen－Paap rk Wald F 统计量为 66.555，大于 10 的经验值，因此拒绝弱工具变量的原假设；由于工具变量和原变量都只有一个，为恰好识别，无法给出 Hansen J 统计量。模型（6）的 Kleibergen－Paap rk Wald F 统计量为 18.594，大于 10 的经验值，因此拒绝弱工具变量的原假设；由于工具变量和原变量都只有一个，为恰好识别，无法给出 Hansen J 统计量。

省级面板中，生成一个2003年及以后年份取1，否则取0的虚拟变量，对表5-3、表5-5中的全部模型进行估计。行业面板中，生成一个2003年及以后年份取1，否则取0的虚拟变量，对表5-4、表5-6中的全部模型进行估计。共48个模型。表5-13~表5-16给出了回归结果，全部估计结果证明，技术水平越高大学毕业生就业人数越多，证实了数理模型的结论。

表5-13　2003年前后虚拟变量的添加（省级面板、专利授权数、技术市场成交合同金额）

被解释变量（lnH^*）	(1) OLS	(2) FE	(3) IV	(4) OLS	(5) FE	(6) IV
专利授权数	0.036*** (0.014)	0.036** (0.015)	0.157*** (0.052)			
技术市场成交合同金额				2.348* (1.262)	2.348* (1.241)	13.171*** (3.748)
lnL^*	0.764*** (0.243)	0.764** (0.362)	0.241 (0.362)	0.782*** (0.247)	0.782** (0.365)	0.143 (0.345)
K	-0.025 (0.027)	-0.025 (0.034)	-0.175*** (0.062)	0.019 (0.020)	0.019 (0.031)	0.015 (0.021)
TFP	-0.096 (0.360)	-0.096 (0.632)	-0.482 (0.386)	-0.010 (0.360)	-0.010 (0.650)	-0.142 (0.374)
γ	-0.003 (0.007)	-0.003 (0.007)	0.004 (0.008)	-0.003 (0.008)	-0.003 (0.008)	0.006 (0.008)
CPI	0.012 (0.011)	0.012 (0.013)	0.005 (0.011)	0.018 (0.011)	0.018 (0.013)	0.036*** (0.012)
Kuo Zhao（2002）	1.120*** (0.123)	1.384*** (0.145)	1.440*** (0.114)	1.120*** (0.123)	1.364*** (0.141)	1.368*** (0.124)
常数项	-1.476 (2.173)	-2.964 (3.528)		-2.332 (2.135)	-3.737 (3.471)	
省份虚拟变量	控制			控制		
年度虚拟变量	控制	控制	控制	控制	控制	控制
样本数	450	450	450	448	448	448
R^2	0.942	0.797	0.769	0.941	0.796	0.763

注：括号内为稳健的标准误；***、**和*分别表示1%、5%和10%的显著水平。工具变量中，模型（3）的Kleibergen-Paap rk Wald F统计量为10.729，大于10的经验值，因此拒绝弱工具变量的原假设；Hansen J统计量为5.189，在5%的显著水平上不能拒绝工具变量为外生的原假设。模型（6）的Kleibergen-Paap rk Wald F统计量为10.647，大于10的经验值，因此拒绝弱工具变量的原假设；Hansen J统计量为4.381，在10%的显著水平上不能拒绝工具变量为外生的原假设。

表 5-14　2003 年前后虚拟变量的添加（行业面板、专利授权数、其他技术活动经费支出）

被解释变量（$\ln H^*$）	(1) OLS	(2) FE	(3) IV	(4) OLS	(5) FE	(6) IV
专利授权数	0.345*** (0.065)	0.345*** (0.106)	0.350*** (0.072)			
其他技术活动经费支出				2.502*** (0.942)	2.502 (1.569)	19.996** (8.294)
$\ln L^*$	0.444*** (0.049)	0.444*** (0.067)	0.428*** (0.048)	0.447*** (0.056)	0.447*** (0.074)	0.436*** (0.059)
OS	-2.166*** (0.635)	-2.166 (1.284)	-1.703*** (0.488)	-1.022* (0.542)	-1.022 (0.970)	-0.992* (0.559)
K	-0.195** (0.079)	-0.195 (0.166)	-0.234*** (0.067)	-0.181* (0.098)	-0.181 (0.210)	-0.457*** (0.112)
TFP	0.020*** (0.006)	0.020** (0.010)	0.019*** (0.006)	0.012* (0.007)	0.012 (0.011)	0.002 (0.008)
γ	-0.205* (0.120)	-0.205 (0.168)	-0.134 (0.108)	-0.130 (0.116)	-0.130 (0.137)	-0.151 (0.120)
Kuo Zhao（2002）	-1.035*** (0.151)	0.000 (.)		0.161* (0.082)	0.000 (.)	
常数项	-1.037*** (0.270)	-1.806*** (0.227)		-1.233*** (0.314)	-1.901*** (0.286)	
省份虚拟变量	控制			控制		
年度虚拟变量	控制	控制	控制	控制	控制	控制
样本数	431	431	429	418	418	418
R^2	0.980	0.798	0.817	0.982	0.806	0.722

注：括号内为稳健的标准误；***、**和*分别表示1%、5%和10%的显著水平。工具变量中，模型（3）的 Kleibergen - Paap rk Wald F 统计量为 12.381，大于 10 的经验值，因此拒绝弱工具变量的原假设；由于工具变量和原变量都只有一个，为恰好识别，无法给出 Hansen J 统计量。模型（6）的 Kleibergen - Paap rk Wald F 统计量为 13.713，大于 10 的经验值，因此拒绝弱工具变量的原假设；由于工具变量和原变量都只有一个，为恰好识别，无法给出 Hansen J 统计量。

表 5 - 15　2003 年前后虚拟变量的添加（省级面板、专利申请数、发明型专利申请数）

被解释变量（$\ln H^*$）	(1) OLS	(2) FE	(3) IV	(4) OLS	(5) FE	(6) IV
L. 专利申请数	0.036*** (0.012)	0.036** (0.016)				
专利申请数			0.098*** (0.030)			
L. 发明型专利申请数				0.130*** (0.046)	0.130** (0.055)	
发明型专利申请数						0.297*** (0.083)
$\ln L^*$	0.546** (0.268)	0.546 (0.420)	0.308 (0.334)	0.509* (0.277)	0.509 (0.416)	0.294 (0.328)
K	-0.047 (0.031)	-0.047 (0.034)	-0.196*** (0.062)	-0.029 (0.026)	-0.029 (0.032)	-0.116*** (0.042)
TFP	-0.033 (0.327)	-0.033 (0.509)	-0.574 (0.385)	-0.033 (0.328)	-0.033 (0.536)	-0.424 (0.378)
γ	-0.006 (0.007)	-0.006 (0.008)	0.001 (0.007)	-0.004 (0.007)	-0.004 (0.008)	0.004 (0.008)
CPI	0.004 (0.011)	0.004 (0.014)	0.008 (0.011)	0.008 (0.011)	0.008 (0.014)	0.019* (0.010)
Kuo Zhao（2002）	0.655*** (0.139)	0.678*** (0.150)	1.518*** (0.120)	0.596*** (0.136)	0.623*** (0.140)	1.440*** (0.117)
常数项	1.124 (2.282)	0.291 (3.886)		0.887 (2.257)	0.149 (3.806)	
省份虚拟变量	控制			控制		
年度虚拟变量	控制	控制	控制	控制	控制	控制
样本数	420	420	450	420	420	450
R^2	0.945	0.780	0.776	0.945	0.780	0.785

注：括号内为稳健的标准误；***、** 和 * 分别表示 1%、5% 和 10% 的显著水平。工具变量中，模型（3）的 Kleibergen - Paap rk Wald F 统计量为 12.241，大于 10 的经验值，因此拒绝弱工具变量的原假设；Hansen J 统计量为 5.061，在 5% 的显著水平上不能拒绝工具变量为外生的原假设。模型（6）的 Kleibergen - Paap rk Wald F 统计量为 21.108，大于 10 的经验值，因此拒绝弱工具变量的原假设；Hansen J 统计量为 4.640，在 10% 的显著水平上不能拒绝工具变量为外生的原假设。

表 5-16 2003 年前后虚拟变量的添加（行业面板、专利申请数、发明型专利申请数）

被解释变量（$\ln H^*$）	(1) OLS	(2) FE	(3) IV	(4) OLS	(5) FE	(6) IV
L. 专利申请数	0.287*** (0.052)	0.287*** (0.088)				
专利申请数			0.185*** (0.038)			
L. 发明型专利申请数				0.470*** (0.085)	0.470*** (0.139)	
发明型专利申请数						0.439*** (0.083)
$\ln L^*$	0.472*** (0.057)	0.472*** (0.075)	0.422*** (0.049)	0.457*** (0.060)	0.457*** (0.082)	0.444*** (0.057)
OS	-2.098*** (0.642)	-2.098 (1.258)	-1.565*** (0.469)	-1.979*** (0.645)	-1.979 (1.201)	-1.744*** (0.476)
K	-0.201** (0.087)	-0.201 (0.165)	-0.222*** (0.075)	-0.184** (0.094)	-0.184 (0.162)	-0.237*** (0.076)
TFP	0.022*** (0.007)	0.022** (0.009)	0.015*** (0.005)	0.025*** (0.007)	0.025** (0.010)	0.021*** (0.006)
γ	-0.231* (0.131)	-0.231 (0.177)	-0.137 (0.107)	-0.261** (0.128)	-0.261 (0.176)	-0.144 (0.108)
Kuo Zhao（2002）	-1.382*** (0.152)	0.000 (.)		-0.125* (0.075)	0.000 (.)	
常数项	-0.833*** (0.309)	-3.008*** (0.439)		-0.877*** (0.322)	-2.942*** (0.498)	
省份虚拟变量	控制			控制		
年度虚拟变量	控制	控制	控制	控制	控制	控制
样本数	394	394	428	356	356	390
R^2	0.981	0.806	0.816	0.982	0.822	0.825

注：括号内为稳健的标准误；***、** 和 * 分别表示 1%、5% 和 10% 的显著水平。工具变量中，模型（3）的 Kleibergen-Paap rk Wald F 统计量为 66.555，大于 10 的经验值，因此拒绝弱工具变量的原假设；由于工具变量和原变量都只有一个，为恰好识别，无法给出 Hansen J 统计量。模型（6）的 Kleibergen-Paap rk Wald F 统计量为 18.594，大于 10 的经验值，因此拒绝弱工具变量的原假设；由于工具变量和原变量都只有一个，为恰好识别，无法给出 Hansen J 统计量。

三、考虑异方差：聚类标准误

采取省份聚类标准误，对表 5 – 3、表 5 – 5 中的 OLS 估计进行回归，结果如表 5 – 17 所示；采取行业聚类标准误，对表 5 – 4、表 5 – 6 中的 OLS 估计进行回归，结果如表 5 – 18 所示。

表 5 – 17　省级聚类标准误（省级面板）

被解释变量（$\ln H^*$）	(1) OLS	(2) OLS	(3) OLS	(4) OLS
专利授权数	0.036** (0.015)			
技术市场成交合同金额		2.348* (1.286)		
L. 专利申请数			0.036** (0.017)	
L. 发明型专利申请数				0.130** (0.057)
$\ln L^*$	0.764* (0.375)	0.782** (0.378)	0.546 (0.436)	0.509 (0.432)
K	–0.025 (0.035)	0.019 (0.032)	–0.047 (0.035)	–0.029 (0.033)
TFP	–0.096 (0.655)	–0.010 (0.673)	–0.033 (0.529)	–0.033 (0.556)
γ	–0.003 (0.008)	–0.003 (0.008)	–0.006 (0.008)	–0.004 (0.008)
CPI	0.012 (0.013)	0.018 (0.014)	0.004 (0.015)	0.008 (0.014)
常数项	–1.476 (3.329)	–2.332 (3.249)	1.124 (3.658)	0.887 (3.575)
省份虚拟变量	控制	控制	控制	控制
年度虚拟变量	控制	控制	控制	控制
样本数	450	448	420	420
R^2	0.942	0.941	0.945	0.945

注：括号内为稳健的标准误；***、** 和 * 分别表示 1%、5% 和 10% 的显著水平。

表 5-18　行业聚类标准误（行业面板）

被解释变量（$\ln H^*$）	(1) OLS	(2) OLS	(3) OLS	(4) OLS
专利授权数	0.345*** (0.111)			
其他技术活动经费支出		2.502 (1.642)		
L. 专利申请数			0.287*** (0.093)	
L. 发明型专利申请数				0.470*** (0.146)
$\ln L^*$	0.444*** (0.070)	0.447*** (0.077)	0.472*** (0.079)	0.457*** (0.087)
OS	-2.166 (1.342)	-1.022 (1.016)	-2.098 (1.321)	-1.979 (1.268)
K	-0.195 (0.174)	-0.181 (0.220)	-0.201 (0.173)	-0.184 (0.171)
TFP	0.020* (0.010)	0.012 (0.011)	0.022** (0.009)	0.025** (0.010)
γ	-0.205 (0.175)	-0.130 (0.143)	-0.231 (0.186)	-0.261 (0.185)
常数项	-1.037*** (0.314)	-1.233*** (0.400)	-2.215*** (0.562)	-0.877* (0.444)
省份虚拟变量	控制	控制	控制	控制
年度虚拟变量	控制	控制	控制	控制
样本数	431	418	394	356
R^2	0.980	0.982	0.981	0.982

注：括号内为稳健的标准误；***、**和*分别表示1%、5%和10%的显著水平。

省级和行业聚类标准误都表明，技术水平越高大学毕业生就业人数越多，证实了数理模型的结论。

上述检验的结果显示本文的结论在 64 个模型中，63 个模型中仍然成立，并且没有与命题矛盾的结果。

第五节　研究结论

技术进步可以从以下几个方面促进大学毕业生需求的增加：①技术水平越高的产品，其生产企业的生产过程有更多与大学毕业生匹配的工作岗位；②技术水平越高的企业，通常其研发部门越发达，其投入的资金越多，而研发部门的雇员几乎都是大学毕业生，因此必然导致大学毕业生就业人数增加；③技术水平越高，此地区的知识储备总量越大，研发的方向更广泛，由于企业是在边际产出等于工资的条件下雇用工人的，研发方向越广泛，研发企业雇用的高素质劳动者越多，大学毕业生就业人数越多；④技术水平越高的地区，企业的生产效率越高，企业对大学毕业生的需求越大，大学毕业生就业人数越多。

经验研究中，本文使用专利授权数等5种度量技术创新的指标，利用中国省级面板、大中型工业企业分行业面板数据证实：技术创新扩大了高素质劳动力的需求，稳健性检验证明估计结果是可靠的。

大学毕业生可以在一定程度上创造自己的需求。技术创新必然导致大学毕业生需求扩大，大学毕业生通过创新推动技术进步，两者相互反馈，彼此助力，推动了人类进步。这就是说大学毕业生可以在一定程度上创造自己的需求，无论高等教育如何扩张，其培养的高素质人才都将逐渐被这些人研发的新技术企业吸收。

世界人口经过长期的增长，数量已经和一万年前不可同日而语，但是失业率却没有显著上升，这很大程度上应当归功于技术创新。

第六章　社会资本与应届大学毕业生就业和工资

第三章、第四章、第五章从宏观的角度探讨了技术进步与大学毕业生需求之间的关系。本章将从微观的角度研究影响应届大学毕业生就业和工资的因素。

诸多文献已经证明人力资本和个体特征都是影响应届大学毕业生就业的因素（孟大虎，2012；乔志宏等，2011；胡永远等，2007；李泽彧和谭诤，2011；胡永远和邱丹，2011；Monks，2000；Hilmer，2002）。相关研究都已经非常成熟，而有关社会资本对应届大学毕业生就业的研究正方兴未艾（李宏彬，2012）。我们也将从这个角度来进行研究。

本章的微观数据来源于笔者及其学术伙伴于2009年和2011年两次独立调查的应届大学毕业生就业问卷，这两次调查的基本情况已经在第二章的开头介绍过，此不赘述。

应届大学毕业生与工作多年的受过高等教育的劳动者相比，缺乏工作经验，因此他们更容易失业，解决应届大学毕业生失业也一直是政府最为迫切的问题。分析影响应届大学毕业生个人就业的原因可以为解决这一棘手的难题找到对症下药的解决方案。

第一节总结影响应届大学毕业生就业与工资的因素，强调供给和需求对大学毕业生个人工资的影响，同时探讨大学层次、性别差异、社会资本对应届大学毕业生工资和就业的影响。

第二节研究社会资本与应届大学毕业生个人工资的关系。纳入我们计量模型与社会资本有关的因素有户籍、党员、父母的最高职务等变量。计量结果表明，父母的最高职务越高，子女大学毕业生之后的起薪越高；来自城镇的应届大学毕业生工资显著高于来自乡村的应届大学毕业生；党员对应届大学毕业生无影响。

第三节探讨城市规模与社会资本工资溢价。我们提出，在大城市中，由于人口规模巨大，个人的社会关系相对有限，求职主要靠规则行事，社会资本不能产生工资溢价；中小城市人口规模小，是人情社会，在缺乏媒体监督的情况下，关

系能发挥很大的作用，因此，在应届大学毕业生求职时，社会资本能产生工资溢价。

总之，与个人社会资本相关的变量，如父母的最高职务、户籍、党员身份大多影响应届大学毕业生的就业和工资。

第一节　影响应届大学毕业生就业与工资的因素

现有研究主要考虑三个影响大学毕业生工资的因素，即人力资本、社会资本、个体特征。大部分文献都是计量研究，并同时考虑以上三个因素对大学毕业生工资的作用。但是其研究问题的重点有所区别，具体研究内容分为以下四个方面：

第一，需求和供给对大学毕业生工资的影响。20 世纪 70 年代至 20 世纪末，在美国、英国和加拿大，具有大学学历的工人和高中学历工人的工资差距持续拉大，很多经济学家都从供给和需求的角度进行研究。他们认为，其中一个原因是大学入学人数相对于需求的下降（Card 等，2001；Grogger 和 Eide，1995）。另一个原因是企业对具有大学学历工人需求的增加（Katz 等，1992）。此外，Taber（2001）提出，进入大学学习的人个体能力较强，而劳动力市场对能力较高的人需求日益旺盛，所以大学毕业生的工资与高中学历工人的工资差距越来越大。

第二，大学的层次也会影响大学毕业生的工资，Monks（2000）发现，层次较高的大学毕业的工人工资较高。Hilmer（2002）研究了大学期间转校学生的起薪与他分别学习的两所大学层次的关系，他发现转校的大学毕业生的起薪与其学习的两所学校层次都有显著的正相关关系。

第三，大学毕业生工资的性别差异是经济学家研究的另一个重点，经济学家认为，造成男女工资差异的原因主要有四个（Daymont 等，1984；Weinberger，1998；Gerhart，1990；Paglin 等，1990；Brown 等，1997）：①男女选择的专业不同，而男性选择的专业积累的人力资本更多，所以男性比女性工资高；②男女选择不同的专业是由于他们的兴趣和禀赋差异造成的，禀赋的高低直接影响个人的工资，也造成工资男高女低的现象；③企业对女大学毕业生的歧视造成女性的低工资；④男性的劳动时间普遍较长，因而其工资也较高（Joy，2003）。

第四，社会资本较高的大学毕业生，其工资也较高。这一部分我们将在第二节、第三节分别详细论述，此处不赘言。

第二节　社会资本与应届大学毕业生个人工资的关系

社会学家 Bourdieu（1985）和 Coleman（1988）先后提出了社会资本的概念，给出了相似的定义。Bourdieu（1985）提出，社会资本是实际的和潜在的资源集合体，这些资源与关系网络联系在一起。Coleman（1988）把社会资本定义为个人拥有的社会资源，包括社会团体、社会网络和网络摄取。个人只有通过会员资格和网络的联系，并在此基础上利用网络才能得到社会资本的回报。哈佛大学教授 Putnam（1993）把社会资本的概念引入经济学领域，并用之解释意大利的南北差异（黄锐，2007）。迄今为止，社会资本仍然是一个有待完善的概念，对其定义有待学者达成共识，但他们都承认社会关系网络是社会资本的一个重要方面。本文采用哈佛大学教授 Putnam（1993）对社会资本的定义，即社会资本为个人的社会关系网络。

一、社会资本与应届大学毕业生工资

（一）社会资本与应届大学毕业生工资

社会资本有助于提升大学毕业生的工资。作为资本的一种，社会资本必然产生收益（Glaeser 等，2002），故社会资本越多的大学毕业生工资理应越高。经济学还研究了移民的工资与其社会资本的关系，他们发现：一方面，亲友网可以提高求职的效率；另一方面，社会资本较多的移民多进入正规行业就业，其行业工资也较高。但是也有研究发现，并不是所有的社会资本投资都必然产生收益。例如，Urwin 等（2008）通过计量研究发现，对亲友和同事的投资并不能提高个人的工资，只有个人是某团体的会员，他对这个团体的社会资本投入才会产生收益。

已有文献证明，社会资本越多的大学毕业生就业的可能性越高（秦永和裴育，2011）。社会资本对大学毕业生就业的影响如下。

第一，中国是个“关系”社会，在毕业时通过“关系”进入垄断企业等高

薪部门是很多人的就业方式。第二，帮助大学毕业生获得招聘信息（Aguilera 和 Massey，2003；张少平等，2009），丰富的招聘信息可以拓展大学毕业生的求职视野，因而更有可能找到高薪的工作。在社会资本将帮助大学毕业生收集招聘信息的情况下，赖德胜和田永波（2005）的大学毕业生工作搜寻模型也表明，个人搜寻到空缺工作岗位的概率越高，就业可能性越大。[①] 第三，社会关系可以增进招聘单位和求职者的相互了解，提升彼此的信任度（Fernandez 等，2000）。个人可以通过亲友了解招聘企业有关岗位的工作性质、薪金水平、所需知识结构等诸多信息，在求职中做到有的放矢，提高求职效率。企业也可通过中间人获得求职者的知识结构、个人能力、家庭背景等信息，减少招聘中的失误。第四，得到亲友的工作推荐（Fernandez 等，2000）。很多企业非常重视同事的推荐，由于同事对工作岗位和被推荐人的情况都较为了解，所以其推荐的个人将与工作岗位更加匹配，故企业一般对聘用被推荐人持积极态度。

根据以上四个理由，我们提出命题 6.1。

命题 6.1　社会资本越多，个人求职成功的可能性越高，获得高工资工作机会的概率越大，工资越高。

（二）城乡社会资本差异对应届大学毕业生工资的影响

来自城市和乡村的大学毕业生因为生活环境的巨大差异，天然地造成社会资本投资人群的显著区别。城镇背景大学毕业生的社会关系网络主要集中于城市，其人群主要在工业和城市正规部门[②]就业。当大学生毕业时，其亲朋好友可以为毕业生求职提供就业信息、推荐工作。故而，来自城镇的大学毕业生工资较高。与此相反，农村的学生在乡村的社会关系人群主要在农业和城市非正规部门工作，在其求职过程中几乎没有任何帮助，或者作用较小，因而工资较低。故我们提出命题 6.2。

命题 6.2　城乡大学毕业生由于二元结构的差异天然地导致社会资本积累人群不同，鉴于绝大多数大学毕业生都在城镇正规部门就业，乡村背景的大学毕业生在农村的社会资本投资将产生较少收益，而正规部门的工资一般较高，因此乡村背景的学生工资较低。

---

① 如需要证明过程，请向笔者索取。

② 城市正规部门由支付较高工资并提供稳定工作的企业和政府部门组成。城市非正规部门由一些无组织的、小型企业和个体工商业者以及打零工者组成。郭熙保．经济发展：理论与政策［M］. 北京：中国社会科学出版社，2000：180.

二、工资估计模型和数据来源

（一）工资估计模型

前文说明来自乡村的大学毕业生社会资本投资人群主要集中在农村，而农村的人群不能在大学毕业生求职中提供帮助，因而其毕业时的工资也较低。此命题由三个逻辑关系构成：①城乡背景导致社会资本的差异；②社会资本的不同引起工资的区别；③城镇背景的大学毕业生工资较农村背景的学生高。本文将验证后两个逻辑关系，如果这两个逻辑关系成立，本文就可以获得命题成立证据的两个关键环节，另一个逻辑环节将作为进一步研究的对象。

由经典的 Mincer（1974）工资估计方程和社会资本理论，并基于现有文献（Urwin 等，2008），构建如下多元回归计量模型：

$$\ln W_i = C + SC_i\beta + HC_i\alpha + IC_i\mu + X_i\varphi + \varepsilon_i \quad (6-1)$$

被解释变量 $\ln W_i$ 为工资的对数；SC_i 为个人社会资本向量，由父母的最高职务、原户籍性质、党员组成，其中原户籍性质反映城乡背景；HC_i 是与人力资本相关的健康水平；IC_i 表示个体特征向量，具体为性别、是否为独生子女、学习成绩，此外还包括 5 个有关个人能力的变量；X_i 向量包括学校是否为 985 工程学校、是否为 211 工程学校、来源所属大区、生源地城市规模、专业大类等控制变量。

（二）数据来源及统计指标

文中所使用的数据来源于笔者及其团队于 2011 年 5 月中旬对南京市 6 所高校大学毕业生就业状况所做的问卷调查。在此之前，2009 年 5 月，笔者及其团队曾经对南京市一所高校进行有关大学毕业生就业的问卷调查，并发表了相关成果。此次，我们根据在宁各个层次高校的数量采用分层抽样的方法从 23 所本科以上高校中选择 985 高校 1 所，211 高校 2 所，一般院校 3 所，共 6 所高校。学校属性涉及综合类、工科类、农林类、师范类和财经类等 5 类，这 6 所高校涉及大部分在宁高校类型。大致按各个学校毕业生人数 9% 的比例发出问卷，以现场发放和当场填写的方式发放共计 2000 份调查问卷，收回有效问卷 1751 份，回收比率为 87.55%。

调查所使用的问卷系参考麦可思研究院和笔者及其学术伙伴 2009 年的调查

问卷，并根据研究要求删减和添加相应的调查问题，我们邀请经济学、统计学专家和统计局专家参与问卷的设计。调查问卷经过构建问卷框架、提出问题、修订、试测、再次修订等5个步骤，最终定稿。调查前，我们对调查员进行了培训，告知了调查方法，并告知严禁违反学术规范。调查过程中的每一份问卷都附有调查员的签名，以保证责任到人，并对收回的问卷进行编号。2011年5月11日、14日、15日、21日和22日，我们分别对6所高校进行了实地调研。

之后，我们分别在2011年6月12日、16日和7月2日对问卷进行了3次校对，确保得到的电子数据与原纸质问卷数据一致无误。每一次核对过程都附有核对人的签名，以保证核对的质量。因为还存在被调研者填写的错误，如填写问卷问题时不细心、导致有些问题选项为空、单项选择题回答多个选项等。我们需对这些原始数据进行加工处理剔除无效问卷信息，保留有效的问卷来进一步分析。最终我们共获得1751个有效样本。在这1751个样本中，剔除其中存在前后矛盾和考研成功的学生之后，获得有效样本1184个。

调查问卷包括求职情况、个体特征、家庭背景3个方面共44个问题。其中求职情况包括工资、就业单位的性质、求职方式、求职起始和结束时间等内容；个体特征包括性别、是否党员、原户籍性质、专业大类、是否独生子女、学习成绩等因素；家庭背景包括父母的最高职务、最高学历等问题。

表6－1、表6－2、表6－3呈现了最后确定的1184个样本的户籍、性别构成、学校层次等基本情况。表6－1说明城镇背景的学生和乡村背景的学生人数大致相当，男女比例也不相上下。表6－2显示样本中来自普通本科院校的比例最高，为67%，而来自985院校的只有11%；此外，来自东部的学生占绝大多数——85%，来自中部和西部的都较少。表6－3告知我们大部分学生来自地级市、县级以下城镇或农村。

表6－1　学生原户籍和性别

	农业户口	非农业户口	总计	男	女	总计
人数（人）	614	569	1183	621	563	1184
比例（%）	52	48	100	52	48	100

表6－2　学校层次和学生来源的区域分布

	985院校	211院校	普通本科院校	总计	东部	中部	西部	总计
人数（人）	132	258	794	1184	1004	100	80	1184
比例（%）	11	22	67	100	85	8	7	100

表 6-3 学生来源的城市种类

	直辖市	省会	地级市	县级以下及农村	总计
人数（人）	38	82	462	600	1182
比例（%）	3	7	39	51	100

变量设计如下：①工资。为个人现就业单位提供的薪水，包括保险、公积金等福利。②父母的最高职务有普通职员、科级、处级和局级等选项，农民的职务也作为普通职员对待。王文彬（2008，2009）的研究结果表明，父母的职务越高，其社会关系网络越庞大，故此变量为很好的测度社会资本的指标。根据周玉（2006）和王文彬（2008，2009）的研究方法，直接设为1、2、3等值。③原户籍。原户籍为虚拟变量，设非农业户籍的大学毕业生为1，原户籍为农业户口的为0。④党员。把已加入中国共产党的大学毕业生设为1，还未入党的设为0。⑤健康水平。本文指学生对自己健康状况的评价，分成优、良、中、合格四个选项，分别赋值4、3、2、1。⑥性别。把男性设为1，女性设为0。⑦独生子女。独生子女设为1，非独生子女设为0。⑧学习成绩。学习成绩为学生自己报告的平均成绩，依据高低分别赋值4、3、2、1。⑨有关个人能力的5个变量是根据麦克思研究院对个人能力调查的方法设置的。麦克思把个人能力分解为理解与交流能力、科学思维能力、管理能力、应用分析能力和动手能力5个变量，我们在调查中克隆了同样的方法。变量指标依据大小分别赋值4、3、2、1。由于此5种能力相关性较强，同时，能力变量也可能和学习成绩相关，因此我们对5种能力和学习成绩进行主成分分析。主成分分析结果表明，学习成绩和5种能力的相关性较弱，同时其公因子方差较小，因此剔除学习成绩，而对5种能力变量进行因子分析，最终5种能力转换成个人能力因子F1～F4。⑩985工程高校。设985工程高校为1，其他为0。⑪211工程高校。设属于211工程高校且不属于985工程的高校为1，其他为0。⑫生源地所属大区。生源地分成三类，即东部、中部、西部，设置东部、中部两个虚拟变量。⑬生源地城市规模。生源地城市规模分成直辖市、省会、地级市、县级以下城市及乡村，设置直辖市、省会、地级市三个虚拟变量。表6-4给出各个变量的基本统计指标。⑭专业大类。专业大类分为文科类、理科类、医科类、工科类、农林类，设置4个虚拟变量。表6-4给出变量的基本统计指标。

表 6-4　变量的基本统计指标

变量	观测值	均值	标准差	最小值	最大值
工资（元）	833	3246.70	1155.86	500	5500
父母的最高职务（职员=1，科级=2，处级=3，局级=4，部级以上=5.5）	1127	1.48	0.77	1	5.5
原户籍（非农户口=1，农业户口=0）	1183	0.48	0.50	0	1
党员（是=1，否=0）	1183	0.43	0.49	0	1
健康水平	1178	3.33	0.58	1	4
性别（男=1，女=0）	1184	0.52	0.50	0	1
独生子女（是=1，否=0）	1184	0.62	0.49	0	1
学习成绩	1183	2.65	0.60	1	4
理解与交流能力	1184	2.96	0.61	1	4
科学思维能力	1182	2.99	0.61	1	4
管理能力	1183	2.87	0.64	1	4
应用分析能力	1183	2.98	0.61	1	4
动手能力	1183	2.99	0.70	1	4
985 工程院校	1184	0.11	0.31	0	1
211 工程院校	1184	0.22	0.41	0	1
生源地为直辖市	1182	0.03	0.18	0	1
生源地为省会	1182	0.07	0.25	0	1
生源地为地级市	1182	0.39	0.49	0	1
生源地为东部	1184	0.85	0.36	0	1
生源地为中部	1184	0.08	0.28	0	1
专业为理科类	1179	0.13	0.34	0	1
专业为医科类	1179	0.00	0.04	0	1
专业为工科类	1179	0.37	0.48	0	1
专业为农林类	1179	0.02	0.13	0	1

三、回归结果及分析

（一）Heckman 两步法估计结果

考虑可能存在选择性偏差（Selection Bias），笔者采用 Heckman 两步法进行估计。

第一步，利用全部 1184 个样本构建选择模型，进行 Probit 模型估计，其形式为

$$P_i = \omega + Z_i\gamma + \nu_i \tag{6-2}$$

如果成功就业，则 $P=1$，否则 $P=0$；ω 为常数项；Z_i 为影响大学毕业生就业的各个参数组成的向量，Z_i 除了包括方程式（6 - 2）中的全部变量外，还根据已有文献（胡永远等，2007）和理论加入是否是学生干部、求职花费时间、求职成本、是否实习、是否参加就业指导和参加职业生涯规划的时长、相貌指数 7 个变量；γ 为待估系数；v_i 为随机项。根据式（6 - 2）得到逆米尔斯比（The Inverse of Mill's Ratio），$\hat{\lambda}_i = \lambda(Z_i\hat{\gamma})$。

第二步，把逆米尔斯比 $\hat{\lambda}_i$ 带入工资估计模型（1）中，进行 OLS 估计。

表 6 - 5 列出一组 Heckman 两步法估计结果，4 个模型的结果同时表明在 1% 的显著水平下逆米尔斯比显著，故在 1% 的显著水平下拒绝不存在选择性偏差的假设，因此，我们选择 Heckman 两步法对模型进行估计。

表 6 - 5　城乡背景对工资影响的回归结果（Heckman 两步法）

解释变量	被解释变量：工资的对数			
	(1)	(2)	(3)	(4)
原户籍为非农户口	0.067** (0.029)	0.083*** (0.030)	0.075** (0.030)	0.064** (0.029)
父母的最高职务	0.038** (0.018)	0.035** (0.018)	0.030* (0.018)	0.030* (0.018)
党员		0.003 (0.031)	-0.000 (0.032)	-0.002 (0.032)
健康水平		-0.023 (0.022)	-0.022 (0.023)	-0.014 (0.022)
男性		0.160*** (0.029)	0.162*** (0.032)	0.136*** (0.031)
独生子女		0.012 (0.028)	0.009 (0.028)	0.011 (0.028)
学习成绩			0.019 (0.028)	0.009 (0.027)
个人能力因子 F1			0.007 (0.010)	0.011 (0.010)

续表

解释变量	被解释变量：工资的对数			
	(1)	(2)	(3)	(4)
个人能力因子 F2			-0.038** (0.016)	-0.031* (0.016)
个人能力因子 F3			-0.025 (0.016)	-0.017 (0.016)
个人能力因子 F4			0.042** (0.018)	0.031* (0.018)
985 工程院校				0.287*** (0.040)
211 工程院校				0.078** (0.038)
生源地为直辖市、省会、地级市、县级以下或农村	有	有	有	有
生源地东部、中部、西部	有	有	有	有
专业大类	有	有	有	有
逆米尔斯比	-0.281*** (0.046)	-0.225*** (0.051)	-0.190*** (0.056)	-0.171*** (0.056)
R^2	0.095	0.137	0.155	0.205
观测值	743	743	743	743

注：括号内为标准误；***、** 和 * 分别表示 1%、5% 和 10% 的显著水平。

第（1）模型中我们只考虑社会资本因素、学生生源地所属大区、城市规模、专业大类，在第（2）模型中，我们加入有关学生个人特征的变量，包括党员、健康水平、性别、是否是独生子女；第（3）、第（4）模型分别控制有关个人能力的变量和学校特征变量。

（二）影响大学毕业生工资的因素分析

表 6-5 中模型（4）的估计结果表明，大学毕业生的工资同时受社会资本、个体特征和学校层次的影响，但并不是全部有关社会资本和个人禀赋的变量与大学毕业生工资相关。

表 6-5 中的模型（4）说明，父母最高职务越高，大学毕业生工资越高，而

父母的最高职务与社会资本密切相关（王文彬，2008，2009），这间接证明社会资本会影响大学毕业生工资。李宏彬等（2012）最新的研究结论也证明父母的职务越高，大学毕业生工资越高。大学毕业生父母的职位每升高一个级别，如从科级升到处级，则大学毕业生工资大约增加3%。据此估计，局级干部的子女将比普通职员子女的工资高约10%，差异巨大。由于中国是一个人情社会，父母的职位越高，其社会关系网络越庞大，拥有的资源越丰富，可以通过网络摄取的资源越多。父母可以通过社会关系和可操作的资源帮助子女在高工资岗位就业，其子女的工资必然较高。父母社会资本的差异很可能强化个体的收入差异、扩大贫富差距、阻碍社会阶层之间的流动。如果父母社会资本的作用是帮助子女获得更多的招聘信息、教授子女非书本知识，社会资本将提高工作匹配的效率，促进经济增长。如果父母通过自己可控的资源利用非正当竞争的方式帮助子女获得工资较高的职位，将降低工作匹配的效率，应当通过规范招聘程序予以遏制。

模型（4）的回归结果表明，农村背景的大学毕业生比城镇背景的大学毕业生工资低6.4%，这间接证明了个人的社会资本差异造成工资的显著区别。户籍决定个人社会资本投资的主要人群，社会资本投资的人群决定大学毕业生的社会资本收益。农村学生的社会资本投资人群主要在农业和城市非正规部门就业，当大学毕业生在城市正规部门求职时几乎没有帮助。城镇学生的社会资本投资人群集中在城市正规部门，当大学毕业生在城市正规部门求职时将会获得回报。所以，城乡大学毕业生社会资本投资人群天然的差异必将导致城镇背景的大学毕业生社会资本投资收益高于农村背景的大学毕业生。社会资本的收益表现为工资的增加值，最终导致城镇背景的大学毕业生工资高于农村背景的大学毕业生。

是否为党员对大学毕业生工资没有影响。因中国共产党是中国的执政党，其有明确的组织结构，并定期举行组织活动，故党员可以看成社会资本的组成部分，其应当带来一定的收益（高文书，2009；Appleton等，2005；Li，2003）。但是我们的计量检验结果与现有研究结论、理论解释相反，党员这个变量并不显著，即党员和非党员的工资没有显著差异。根据现有的社会资本理论，我们提出，大部分学生都是通过学校的网站或有关求职的网站获得招聘信息，而学生党员之间并没有更多的招聘信息可以分享，所以党员对工资没有影响。虽然在大学毕业生初次求职过程中党员对工资没有影响，但因中共是中国的执政党，其收益应当从以后工作中得到体现。

健康是人力资本的一个重要组成部分（Schultz，1961），但估计结果显示健康水平对个人工资没有影响。这与舒尔茨的人力资本理论不相符，其可能原因是

企业无法获知个人的健康状况，因而不能为身体健康的个人提供更高的工资。

男性的工资比女性的工资高 14% 左右。已有文献提出，男大学毕业生比女大学毕业生工资高的原因包括专业差异、能力高低、劳动时间长短、性别歧视。能力的因素已经通过学习成绩、个人能力进行控制，也考虑专业的差异。故我们认为造成男女工资差别的原因为劳动时间或性别歧视。

独生子女变量不显著。大量独生子女是中国现阶段特有的现象，有人认为这些独生子女由于从小备受溺爱，不能承担艰辛、劳苦的工作，其劳动生产率会与非独生子女明显不同。故独生子女和非独生子女大学毕业生的工资会有显著差异，但估计结果没有证实或者说拒绝此假说。这说明在企业生产过程中，独生子女和非独生子女的生产率并没有显著差异，企业对两者一视同仁。

学习成绩对求职无影响。学习成绩可以看成个人能力的一个替代变量，理论上应当影响个人的工资，但 4 个模型的估计结果都没能证实此假说。根据信息经济学的理论（Spence，1973），教育水平是个人向招聘企业发出的信号，对于来自同一层次的学校、学习年限相同的学生，企业不能作出区分。其他经济学者的研究表明，企业只对来自不同层次学校的学生予以区分（胡永远等，2007），而非参考个人的实际成绩。

个人能力的 4 个因子中有 2 个将会影响个人的工资水平，但是有的将有助于提高大学毕业生工资，有的反而降低其工资。同时，回归结果表明，生源地所在的大区和生源地城市的规模对其工资没有影响。985 工程院校和 211 工程（非 985 工程）院校的工资分别较普通院校高约 29%、8%。企业一般认为，进入此类院校的学生能力较强，同时其学校的教育质量也较好，因而企业付给毕业生的工资较高。生源地对大学毕业生工资的影响不明确，但是城市的规模对工资无影响。专业大类中理科学生工资较高，但是对应的变量只在前 3 个模型中显著，在模型（4）中并不显著。

四、稳健性检验

为了确保本文分析结论的可靠性，我们进行了稳健性检验。我们对表 6－5 中的模型（4）分别采用 Heckman 最大似然估计、Tobit、稳健的 OLS、序次 Probit 四种估计方法进行回归分析。回归结果如表 6－6 所示。在序次 Probit 估计方法中，我们对大学毕业生收入从高到低赋值 6、5、4、3、2、1。

4 种估计方法的结果表明，无论是核心变量原户籍为非农户口、父母的最高职务的回归结果的符号、显著水平，还是控制变量的符号、显著水平，都基本与 Heckman 两步法的估计结果相同，因此回归结果是稳健的。

表 6-6 稳健性检验结果

稳健性检验方法	被解释变量：工资的对数		被解释变量：工资的序次	
	Heckman 最大似然估计	Tobit	稳健的 OLS	序次 Probit 估计
父母的最高职务	0.028 (0.018)	0.033** (0.017)	0.033* (0.017)	0.106** (0.053)
原户籍为非农户口	0.062** (0.030)	0.070** (0.028)	0.069** (0.029)	0.220** (0.091)
党员	-0.010 (0.029)	0.023 (0.027)	0.023 (0.030)	0.072 (0.091)
健康水平	-0.018 (0.024)	-0.004 (0.022)	-0.004 (0.022)	-0.043 (0.070)
男性	0.118*** (0.032)	0.175*** (0.028)	0.175*** (0.028)	0.548*** (0.090)
独生子女	0.016 (0.029)	-0.012 (0.027)	-0.011 (0.026)	-0.024 (0.086)
学习成绩	-0.003 (0.026)	0.032 (0.024)	0.032 (0.024)	0.110 (0.077)
个人能力因子 F1	0.009 (0.009)	0.017* (0.009)	0.017* (0.009)	0.055* (0.031)
个人能力因子 F2	-0.027* (0.016)	-0.037** (0.015)	-0.037** (0.015)	-0.121*** (0.045)
个人能力因子 F3	-0.017 (0.017)	-0.018 (0.016)	-0.018 (0.016)	-0.062 (0.050)
个人能力因子 F4	0.030 (0.018)	0.028 (0.017)	0.027 (0.017)	0.081 (0.054)
985 工程院校	0.281*** (0.045)	0.297*** (0.041)	0.297*** (0.038)	1.037*** (0.141)
211 工程院校	0.088** (0.035)	0.055* (0.032)	0.055 (0.036)	0.200* (0.107)

续表

稳健性检验方法	被解释变量：工资的对数		被解释变量：工资的序次	
	Heckman 最大似然估计	Tobit	稳健的 OLS	序次 Probit 估计
生源地为直辖市、省会、地级市、县级以下或农村	有	有	有	有
生源地东、中、西部	有	有	有	有
专业大类	有	有	有	有
R^2 或伪 R^2		0. 255	0. 204	0. 083
LR	13. 7			
Ch^2 (1)	(0. 0002)			
观测值	1011	784	784	784

注：括号内为标准误；*** 、** 和 * 分别表示 1% 、5% 和 10% 的显著水平。

第三节 城市规模与社会资本工资溢价

逃离“北上广”是因为这些城市高额的房价、巨大的工作压力、对未来的焦灼。然而回到家乡，却发现社会关系远比个人能力对工作更有帮助，直系亲属如果有强大的社会关系，更能在家乡找到一份令人艳羡的工作。在职场的各种竞争中，关系更是如影随形，带来各种不公，对家乡的失望让这些游子不得不逃回“北上广”。

大城市和中小城市在就业公平上有显著的差异。这一点常常被感知，但是往往被严谨的研究所忽略。审视这一中国或者东方特有的现象，并给予科学的证明是中国经济学者不可推卸的责任。

我们利用南京市 6 所高校应届大学毕业生的微观数据证明，在中小城市社会资本能够产生一个较大的工资溢价，并且随着父母职务每升高一个层次，工资溢价就同比例增加，但在大城市，社会资本对工资没有影响。

根据我们掌握的文献，暂没有发现研究社会关系在不同规模城市对工资影响的文献。当然，有关社会资本工资溢价的文献已经非常丰富。大部分文献都证明，社会资本将产生工资溢价（Urwin 等，2008；胡永远和邱丹，2011；李宏彬等，2012；孔高文等，2017）。但是也有文献发现，社会资本对工资没有影响，甚至有不利影响（杜桂英和岳昌君，2010；岳昌军等，2004；胡永远等，2007）。我们提出，之所以出现前后矛盾的证据，很有可能取决于样本来源城市规模的差异。例如，假设社会资本主要在中小城市发挥作用，那么，中小城市的样本比例越高，社会资本的变量就越显著；反之，则不显著。当然这一解释暂时无法解释那些社会资本溢价为负的回归结果。

一、社会资本的测度与研究假说

（一）社会资本的测度

与本文有关的论文主要集中于社会资本的度量、其对大学毕业生工资的影响有两个方面。

1. 社会资本的测度

如本章第二节所述，迄今为止，社会资本仍然是一个有待完善的概念，对其定义有待学者达成共识，但他们都承认社会关系网络是社会资本的一个重要方面。张林与高安刚（2011）总结了诸多学者的观点，提出社会资本基本上指的是人们通过社会交往而形成的某个特定范围内的社会关系，网络成员在这些交往网络中可以从其成员那里获得短期资源。社会资本按层次分可以分成个体社会资本和群体社会资本两类（张文宏，2003）。其中，度量个体社会资本的指标有网络大小、关系强弱、位置高低和资源众寡（赵延东和罗家德，2005；张文宏，2007）。

王文彬（2009）和周玉（2006）用个人职位测度社会资本，并证明个人职位越高，社会网络越大，个体可动用的资源越多。李宏彬等（2012）用父母的干部身份测度社会资本。Lee 和 Solon（2009）用家庭收入度量社会资本，Chetty 等（2014）用父母的收入地位来测度社会资本。孔高文等（2017）用家庭教育背景和家庭职业阶层构建的虚拟变量来定义社会资本，并指出早期的研究大多用单独的指标度量社会资本，而现有研究则使用丰富的数据集合来构建家庭社会资本。

2. 社会资本与大学毕业生工资

社会资本将通过以下三种方式影响大学毕业生的就业（秦永和裴育，2011）：

第一，帮助大学毕业生获得就业信息（Aguilera 和 Massey，2003；张少平等，2009），更加丰富的招聘信息可以帮助大学毕业生成功求职。在社会资本将帮助个人收集就业信息的情况下，赖德胜与田永波（2005）的大学毕业生工作搜寻模型表明，个人搜寻到空缺工作岗位的可能性越大，就业概率越高。第二，社会资本可以增进用人单位和求职者的相互了解，提升彼此的信任度（Fernandez 等，2000）。个人可以通过亲友了解用人单位有关岗位的工作性质、薪金水平、所需知识等各种信息，在求职中做到有的放矢，提高求职效率。企业也可通过中间人获得求职者的详细信息，减少招聘中的失误。第三，得到亲朋好友的工作推荐（Fernandez 等，2000）。很多单位都很重视同事的推荐，由于同事对工作岗位和被推荐人的情况都较为了解，所以其推荐的个人将与工作岗位更加匹配，故企业一般对聘用被推荐人持积极态度。中国的有关研究指出，关系、人情更能提供一些实质的帮助（Bian，1999）。然而，有关社会资本与大学毕业生工资的经验研究却得出三个不同的结论：社会资本有助于提升大学毕业生工资（Urwin 等，2008；胡永远和邱丹，2011；李宏彬等，2012；孔高文等，2017）；社会资本不影响大学毕业生工资（杜桂英和岳昌君，2010）；社会资本越多，大学毕业生工资越低（岳昌军等，2004；胡永远等，2007）。

（二）研究假说

社会资本中分强关系、弱关系。其中，强关系指与其关系密切的亲戚或朋友，弱关系指与其关系一般甚至疏远的人（Granovetter，1973）。在国外的文献中，学者大多强调弱关系对社会资本收益的影响（Lin，1999）。然而，中国的现实情况常常是强关系主导就业（Bian，1999）。层出不穷的“萝卜”招聘更是说明强关系在就业中的巨大作用。相对而言，弱关系在中国发挥的作用往往有限。中国应届大学毕业生的招聘信息更多地来源于公开的网站，或公开的招聘会，弱关系获得的信息上的帮助非常有限。因此，我们认为，与弱关系相比，强关系主导中国的应届大学毕业生就业。

在强关系主导就业的情况下，其典型手段为不公平竞争。此时，不同城市的就业环境决定强关系发挥作用的能力。社会资本在中小城市发挥的作用明显，而在大城市发挥的作用有限。原因有两个：第一，无论是在大城市还是中小城市，个人的强关系人数量基本相当，但是大城市人口基数非常大，所以即使强关系发挥作用，其正好能帮到毕业生的可能性也较低；第二，大城市主要靠制度运转，中小城市更多的是人情社会。大城市的市民讨价还价能力较强、媒体监督也非常有力，这使权力所有者运用权力时更加谨慎，不愿意提供超越红线的帮助，因而社会资本的工资溢价不明显或较低。但是在中小城市，市民更加弱势，媒体监督也匮乏，权力使用者更有可能突破红线，提供帮助，因而社会资本工资溢价较明显。最终结果表现为，社会资本在中小城市产生工资溢价；在大城市无法产生工资溢价。故而我们提出命题6.3。

命题6.3 中小城市的社会资本产生溢价，大城市的社会资本不产生溢价或溢价非常低。

二、数据来源和变量定义

（一）数据来源

本节使用的数据与第二节的数据相同，在此不再赘述。

（二）变量定义

1. 社会资本

社会资本包括户籍（Huji）和父母职务（Parents_Positions）两个变量。来自城市和乡村的应届大学毕业生因为生活环境的巨大差异，社会资本投资人群的显著区别。城镇背景的应届大学毕业生其社会关系网络主要集中于城市，其人群主要在工业和城市正规部门就业。当应届大学毕业生毕业时，其亲朋好友可以为毕业生求职提供就业信息、推荐工作。与此相反，农村的学生在乡村的社会关系人群主要在农业和城市非正规部门工作，在其求职过程中几乎没有任何帮助，或者作用较小。由于反映城乡背景最直接的变量为原户籍性质，且它与社会资本相联系，我们用原户籍代表个人的城乡背景，并把它纳入社会资本向量中。原户籍为虚拟变量，设原户籍为非农业户口的应届大学毕业生为1，原户籍为农业户口的为0。父母的职务有普通职员、科级、处级和局级等选项，农民的职务也作为普通职员对待，取父母的最高职务。王文彬（2008，2009）的研究结果表明父母职务越高，其社会关系网络越庞大，故此变量为很好地测度社会资本的指标。根据周玉（2006）和王文彬（2008，2009）的研究方法直接设为1、2、3等值。

此外，为了做稳健性检验。我们根据孔高文等（2017）的论文，构建一个综合型的社会资本变量Social，如表6－7所示。

表 6-7　综合社会资本 Social 变量的构建

Social =	1	当父母的最高学历为硕士或博士； 当父母的最高学历为大专和本科，且父母的最高职务为副科级以上干部或企业管理人员； 当父母的最高学历为高中，且父母的最高职务为副处级以上干部、小型企业高管、大中型企业中层以上管理人员
	0	其他

2. 工资收入

个人现就业单位提供的薪水，包括保险、公积金等福利。为了将工资正态化，进行自然对数处理。

3. 个人能力

有关个人能力的 5 个变量是根据麦克思研究院对个人能力调查的方法设置的。[①] 麦克思把个人能力分解为理解与交流能力、科学思维能力、管理能力、应用分析能力和动手能力 5 个变量，我们在调查中克隆了同样的方法。变量指标依据大小分别赋值 4、3、2、1。由于此 5 种能力相关性较强，同时，能力变量也可能和学习成绩相关，因此我们对 5 种能力和学习成绩进行了主成分分析。主成分分析结果表明，学习成绩和 5 种能力的相关性较弱，同时其公因子方差较小，因此剔除学习成绩，而对 5 种能力变量进行因子分析，最终 5 种能力转换成个人能力因子 F1 ~ F4。

4. 其他变量

本文用到的其他变量如表 6-8 所示。

表 6-8　其他变量及定义

变量	变量名	定义
985CU	985 高校	985 工程高校为 1，其他为 0
211CU	211 高校	211 工程高校，且非 985 工程的高校为 1，其余为 0

① 麦可思中国大学生就业研究课题组. 2009 年中国大学生就业报告［M］. 北京：社会科学文献出版社，2009.

续表

变量	变量名	定义
Health	健康水平	优 =4，良 =3，一般 =2，及格 =1
Gender	性别	男性设为 1，女性设为 0
Only_ Child	独生子女	独生子女设为 1，非独生子女设为 0
CCP	中共党员	中共党员取 1，其他取 0
GPA	学习成绩	优 =4，良 =3，一般 =2，及格 =1

（三）描述性统计

表 6 – 9 给出主要变量的描述性统计，为了比较不同城市规模的毕业生状况，我们分别描述。我们发现两者的工资差距很小，来自大城市的毕业生，父母的最高职务更高。大城市非农户口的应届大学毕业生也更多。大城市家庭的毕业生进入 985 工程高校的比例更高，中小城市的家庭，进入 211 工程高校的比例更高。

表 6 – 9　变量描述性统计

	N	均值	标准差	最小值	中位数	最大值
Panel A：大城市（省会和直辖市）						
Ln_ Wage	87	8. 051	0. 410	6. 215	8. 161	8. 613
Huji	120	0. 750	0. 435	0	1	1
Parents_ Positions	118	1. 733	0. 973	1	1	5. 500
Social	118	0. 246	0. 432	0	0	1
F1	119	0. 300	1. 715	– 4. 641	0. 152	3. 695
F2	119	– 0. 108	0. 817	– 2. 018	– 0. 058	2. 115
F3	119	0. 016	0. 817	– 2. 724	0. 085	2. 267
F4	119	– 0. 083	0. 645	– 1. 542	– 0. 108	1. 698
985CU	120	0. 158	0. 367	0	0	1
211CU	120	0. 167	0. 374	0	0	1
Health	119	3. 361	0. 578	2	3	4
Gender	120	0. 508	0. 502	0	1	1
Only_ Child	120	0. 758	0. 430	0	1	1
CCP	120	0. 392	0. 490	0	0	1
GPA	120	2. 658	0. 615	1	3	4

续表

	N	均值	标准差	最小值	中位数	最大值
Panel B：中小城市（地级市、县级以下城市和乡村）						
Ln_ Wage	744	8. 015	0. 374	6. 215	7. 824	8. 613
Huji	1061	0. 451	0. 498	0	0	1
Parents_ Positions	1007	1. 446	0. 739	1	1	4
Social	1007	0. 059	0. 235	0	0	1
F1	1058	-0. 028	1. 651	-6. 934	0. 152	3. 695
F2	1058	0. 008	0. 848	-3. 588	-0. 058	3. 218
F3	1058	-0. 001	0. 777	-3. 292	0. 085	2. 775
F4	1058	0. 009	0. 719	-3. 440	-0. 108	3. 042
985CU	1062	0. 106	0. 308	0	0	1
211CU	1062	0. 223	0. 417	0	0	1
Health	1057	3. 324	0. 577	1	3	4
Gender	1062	0. 525	0. 500	0	1	1
Only_ Child	1062	0. 607	0. 489	0	1	1
CCP	1061	0. 431	0. 495	0	0	1
GPA	1061	2. 647	0. 598	1	3	4

三、实证分析

（一）研究设计

为了与已有的研究相比较，我们先对全部样本进行回归，之后分大城市、中小城市进行回归，以检验假说 6. 2。

考虑可能存在选择性偏差（Selection Bias），笔者采用 Heckman 两步法进行估计。在第一步的 Probit 回归中，根据已有文献（胡永远等，2007；孔高文等，2017）和理论，我们加入是否学生干部、求职花费时间、求职成本、是否实习、是否参加就业指导和参加职业生涯规划的时长等 6 个变量。第二步，把逆米尔斯比带入工资估计模型中，进行 OLS 估计。表 6 - 10 列出三个 Heckman 两步法估计结果，2 个模型的结果表明，在 1% 的显著水平下逆米尔斯比显著，故在 1% 的显著水平下拒绝不存在选择性偏差的假设，因此，我们选择 Heckman 两步法对模型进行估计。同时，我们也给出稳健的 OLS 估计结果。

表 6-10 不同城市规模下的回归结果

	Heckman 两步法			OLS		
	全样本	省会和直辖市	地、县级城市	全样本	省会和直辖市	地、县级城市
	(1)	(2)	(3)	(4)	(5)	(6)
Huji	0.058** (0.028)	0.004 (0.096)	0.060** (0.029)	0.063** (0.027)	0.032 (0.110)	0.067** (0.028)
Parents_Positions	0.032* (0.018)	0.039 (0.044)	0.035* (0.020)	0.032* (0.017)	0.031 (0.037)	0.034* (0.019)
985CU	0.293*** (0.042)	0.167 (0.119)	0.317*** (0.046)	0.294*** (0.037)	0.213* (0.107)	0.311*** (0.040)
211CU	0.089*** (0.033)	0.030 (0.114)	0.100*** (0.035)	0.072** (0.034)	0.056 (0.112)	0.074** (0.037)
F1	0.012 (0.009)	0.023 (0.031)	0.011 (0.010)	0.017* (0.009)	0.036 (0.036)	0.015 (0.010)
F2	-0.028* (0.016)	0.018 (0.052)	-0.034** (0.017)	-0.037** (0.015)	0.003 (0.048)	-0.040** (0.017)
F3	-0.021 (0.016)	-0.051 (0.052)	-0.013 (0.018)	-0.024 (0.016)	-0.043 (0.051)	-0.021 (0.017)
F4	0.030* (0.018)	0.097 (0.061)	0.025 (0.019)	0.029* (0.017)	0.093 (0.062)	0.023 (0.018)
Health	-0.016 (0.023)	0.042 (0.075)	-0.023 (0.025)	-0.005 (0.021)	0.044 (0.075)	-0.011 (0.022)
Gender	0.139*** (0.033)	0.129 (0.098)	0.139*** (0.035)	0.185*** (0.028)	0.118 (0.095)	0.190*** (0.031)
Only_Child	0.004 (0.028)	0.018 (0.092)	-0.002 (0.029)	-0.024 (0.026)	0.007 (0.103)	-0.028 (0.027)
CCP	-0.000 (0.029)	0.024 (0.083)	-0.005 (0.031)	0.018 (0.029)	0.025 (0.086)	0.017 (0.031)
GPA	0.007 (0.026)	0.037 (0.076)	0.003 (0.028)	0.033 (0.024)	0.033 (0.070)	0.032 (0.026)
逆米尔斯比	-0.189*** (0.060)	0.012 (0.144)	-0.206*** (0.062)			
N	1027	106	919	789	84	703

注：括号内为稳健的标准误；***、**和*分别表示1%、5%和10%的显著水平。

（二）不同城市规模下社会资本对应届大学毕业生工资的影响

表6-10给出了Heckman两步法和OLS的估计结果，其中，模型（1）、模型（4）为全样本估计结果，其余为分样本估计结果。

表6-10中模型（2）、模型（3）、模型（5）、模型（6）证明，社会资本在大城市没有产生工资溢价，但在中小城市产生了工资溢价，即假说6.2。模型（1）和模型（4）的社会资本变量都是显著的，这一结果与已有的研究结论类似。但是，其余4个模型的估计结果表明，在中小城市中的样本中，城乡背景的毕业生工资有显著差异，同时父母职务也显著影响毕业生的工资。但是在省会及以上的城市样本中，城乡背景和父母职务对工资没有影响。具体而言，在中小城市，城市户籍的毕业生较农村户籍的毕业生工资高约6%，而父母的职务每升高一个层级，工资相差3%，鉴于我们的层级一共5层，最高一级和最低一级相差大约15%，差距巨大。这是因为中国的大城市更多的是规则社会，而中小城市更多的是人情社会。在规则社会中社会资本对个人的就业帮助有限，在人情社会中，关系在就业中能发挥极大的作用。这也可以解释"北上广深"虽然辛苦，却是很多农村背景学生的首选之地，因为他们在中小城市无法与来自城市、具有很强的社会关系的学生竞争。在大城市，社会关系发挥的作用较小，就业更多的是靠自己的学识和能力，具体表现为学校的层次。只要个人从较好的学校毕业，其薪资也会更高。

全样本和分样本的显著差异很可能源于中小城市所占比例的不同。模型（1）和模型（4）中，户籍和父母职务的估计结果都是显著的，这说明全样本中，社会资本影响应届大学毕业生的工资。但在分样本回归中，中小城市和大城市的估计结果却呈现显著差异。这一差异可能是由于中小城市所占比例的不同。如果大城市比例较高，社会资本变量很可能不显著，随着中小城市样本比例的增加，社会资本很可能由不显著变得显著。我们发现，来自大城市的样本估计系数较小，这说明解释变量对被解释变量的解释力不足。较大的标准误说明来自大城市的样本或者残差项的条件方差较大，或者解释变量的变化较小。但是来自中小城市的样本估计系数和标准误与全样本类似。这说明此时解释变量对被解释变量的解释力很强，较高的显著水平说明这种解释是可信的。

985工程高校和211工程高校毕业生工资较高，因为企业一般认为进入此类院校的学生能力较强，同时其学校的教育质量也较好，因而企业付给毕业生的工资较高。个人能力的4个因子中有两个会影响个人的工资水平，但是有的有助于提高应届大学毕业生工资，有的反而降低其工资。由于这是一个降维处理，很难说清个人能力和工资之间的关系，但是对其的控制将有助于厘清社会资本变量对个人工资的影响。

四、稳健性检验

（一）不同的社会资本指标

表6－11中，我们用Social替代原有的父母职务（Parents_Positions），重复表6－10的全部回归。回归结果表明在大城市中Huji和Social的回归系数都不显著。在中小城市中，两者都是显著的，Huji的估计结果与表6－10中相差不大，Social的系数约为0.08，在5%的显著水平上显著。这说明，在中小城市，社会资本较多的毕业生比社会资本较少的毕业生工资高约8%。

表6－11　Social替代父母职务的分城市规模回归结果

	Heckman两步法			OLS		
	全样本	省会和直辖市	地、县级城市	全样本	省会和直辖市	地、县级城市
	(1)	(2)	(3)	(4)	(5)	(6)
Huji	0.052* (0.028)	0.004 (0.097)	0.052* (0.030)	0.056** (0.027)	0.032 (0.109)	0.060** (0.029)
Social	0.079** (0.036)	0.075 (0.087)	0.084** (0.040)	0.079** (0.036)	0.056 (0.088)	0.084** (0.041)
985CU	0.294*** (0.042)	0.185 (0.112)	0.316*** (0.046)	0.293*** (0.037)	0.226** (0.104)	0.309*** (0.041)
211CU	0.085*** (0.033)	0.034 (0.113)	0.096*** (0.035)	0.068** (0.034)	0.058 (0.112)	0.069* (0.037)
F1	0.012 (0.009)	0.024 (0.031)	0.011 (0.010)	0.018* (0.009)	0.037 (0.035)	0.016* (0.010)
F2	－0.030* (0.016)	0.015 (0.052)	－0.036** (0.017)	－0.039** (0.015)	0.001 (0.048)	－0.042*** (0.016)
F3	－0.020 (0.016)	－0.047 (0.052)	－0.012 (0.018)	－0.024 (0.015)	－0.041 (0.051)	－0.021 (0.017)
F4	0.030 (0.018)	0.102* (0.061)	0.024 (0.019)	0.029* (0.017)	0.095 (0.062)	0.023 (0.018)

续表

	Heckman 两步法			OLS		
	全样本	省会和直辖市	地、县级城市	全样本	省会和直辖市	地、县级城市
	(1)	(2)	(3)	(4)	(5)	(6)
Health	-0.015 (0.023)	0.037 (0.075)	-0.022 (0.025)	-0.003 (0.021)	0.041 (0.074)	-0.010 (0.022)
Gender	0.139*** (0.033)	0.117 (0.096)	0.140*** (0.035)	0.185*** (0.028)	0.108 (0.092)	0.192*** (0.031)
Only_Child	0.001 (0.028)	0.020 (0.092)	-0.004 (0.029)	-0.027 (0.026)	0.007 (0.105)	-0.031 (0.027)
CCP	-0.003 (0.029)	0.019 (0.083)	-0.008 (0.031)	0.015 (0.029)	0.017 (0.085)	0.013 (0.031)
GPA	0.007 (0.026)	0.035 (0.076)	0.004 (0.028)	0.034 (0.024)	0.033 (0.070)	0.033 (0.026)
逆米尔斯比	-0.190*** (0.060)	0.012 (0.143)	-0.208*** (0.062)			
N	1027	106	919	789	84	703

注：括号内为稳健的标准误；***、**和*分别表示1%、5%和10%的显著水平。

（二）不同的估计方法

我们利用Tobit、序次Probit两种估计方法进行了回归分析，回归结果如表6-12所示。由于工资没有小于0的部分，所以选择Tobit，也是一个合适的选择。在序次Probit估计方法中，我们对应届大学毕业生收入从高到低赋值6、5、4、3、2、1。

表6-12　序次Probit和Tobit不同城市规模回归结果

	序次 Probit			Tobit		
	全样本	省会和直辖市	地、县级城市	全样本	省会和直辖市	地、县级城市
	(1)	(2)	(3)	(4)	(5)	(6)
Huji	0.201** (0.086)	0.092 (0.352)	0.218** (0.091)	0.063** (0.027)	0.038 (0.099)	0.067** (0.028)
Social	0.100* (0.052)	0.074 (0.112)	0.113* (0.059)	0.032* (0.017)	0.037 (0.044)	0.034* (0.019)

续表

	序次 Probit			Tobit		
	全样本	省会和直辖市	地、县级城市	全样本	省会和直辖市	地、县级城市
	(1)	(2)	(3)	(4)	(5)	(6)
985CU	1.015*** (0.139)	0.737** (0.367)	1.089*** (0.153)	0.294*** (0.040)	0.222* (0.116)	0.311*** (0.043)
211CU	0.259** (0.102)	0.169 (0.344)	0.270** (0.109)	0.071** (0.031)	0.053 (0.115)	0.073** (0.033)
F1	0.055* (0.030)	0.128 (0.122)	0.048 (0.031)	0.017** (0.009)	0.041 (0.030)	0.015 (0.009)
F2	-0.119*** (0.046)	0.029 (0.149)	-0.134*** (0.049)	-0.037** (0.015)	-0.000 (0.048)	-0.041*** (0.016)
F3	-0.084* (0.049)	-0.151 (0.152)	-0.069 (0.053)	-0.025 (0.016)	-0.048 (0.052)	-0.021 (0.017)
F4	0.084 (0.053)	0.276 (0.183)	0.065 (0.055)	0.029* (0.017)	0.113* (0.063)	0.024 (0.018)
Health	-0.041 (0.069)	0.130 (0.224)	-0.065 (0.072)	-0.004 (0.022)	0.046 (0.078)	-0.011 (0.024)
Gender	0.572*** (0.089)	0.348 (0.297)	0.591*** (0.097)	0.185*** (0.028)	0.127 (0.100)	0.191*** (0.029)
Only_Child	-0.064 (0.082)	0.045 (0.322)	-0.077 (0.085)	-0.024 (0.026)	0.002 (0.093)	-0.028 (0.028)
CCP	0.055 (0.089)	0.070 (0.267)	0.050 (0.096)	0.018 (0.027)	0.030 (0.085)	0.017 (0.028)
GPA	0.111 (0.076)	0.102 (0.216)	0.106 (0.083)	0.033 (0.024)	0.030 (0.076)	0.032 (0.025)
N	789	84	703	789	84	703

注：括号内为稳健的标准误；***、** 和 * 分别表示 1%、5% 和 10% 的显著水平。

6 个估计结果都和表 6-10、表 6-11 的结果类似。全样本的社会资本变量都显著，大城市的样本社会资本变量都不显著，中小城市的社会资本变量都显著，因此回归结果是稳健的。

第四节　研究结论

一、社会资本与应届大学毕业生工资

我们利用最新的调查数据、严谨的计量方法，深入研究影响大学毕业生工资的因素，得出以下结论。

第一，佐证了社会资本可以提升大学毕业生的工资。学者已经指出社会资本在求职中的积极作用，如向求职者提供招聘信息、加深用人单位和应聘者之间的信任、直接向企业推荐求职者，直觉也告诉我们，社会资本应当对个人求职有益，因而社会资本较多的个人工资将较高，我们的计量研究也证实与社会资本密切相关的父母最高职务越高，大学毕业生工资越高，这是社会资本提升大学毕业生工资的重要佐证。

第二，由于城乡社会资本投资人群的差异，城镇背景的大学毕业生工资比农村学生高。农村背景的大学毕业生的社会资本投资人群主要在农业和城市非正规部门就业，他们对大学毕业生在城市正规部门求职缺乏帮助。城镇背景的大学毕业生的社会资本投资人群主要在城市正规部门就业，当大学毕业生在城市正规部门求职时，他们将会发挥积极作用。因而农村背景的大学毕业生从社会资本中获得的收益较低，最终对工资产生不利影响。

二、不同城市规模的社会资本工资溢价

我们利用南京市 6 所高校的微观数据研究了社会资本在不同规模城市的工资溢价，得出以下结论。

第一，社会资本在中小城市中产生工资溢价，在大城市中不产生工资溢价。在中小城市中，城市背景的毕业生较农村背景的毕业生工资高约 6%，父母的职务每升高一个层级，其工资上涨约 3%，但是，大城市的估计系数很小，且不显著。这是因为强关系主导中国的社会资本工资溢价，而强关系在大城市发挥的作用有限，但在中小城市则畅通无阻。原因有两个：在强关系人数量一定的情况

下，大城市的人口基数大，强关系发挥作用的比例低，而中小城市人口基数小，强关系发挥作用的比例高；大城市的社会监督较为有力，权力的使用者受到更多的限制，因而其发挥的作用有限，中小城市社会监督较少，因而社会资本的工作溢价明显。

第二，已有研究中有关社会资本工资溢价相互矛盾的结论很有可能源于样本中来自中小城市样本的比例差异。当大城市的样本占主导地位的时候，社会资本的估计系数将较小，且标准误较大，即估计结果不显著。当中小城市的样本占主导地位时，社会资本的估计系数较大，而且标准误较小，即估计结果显著。最终中小城市样本比例的高低导致估计结果的显著差异。

第七章　主要研究结论与政策建议

本章总结主要研究结论，并给出相应的政策建议。

第一节　研究结论

一、技术进步推动大学毕业生需求增加，扩大大学毕业生就业人数

作为生产过程中中间产品的机器科技含量越大（质量等级越高），最终产品的生产效率越高，对中间产品的需求越大，研发机器的利润就越丰厚。丰厚的回报吸引企业设置更多的工作岗位，而研发企业设置的岗位大都是只适合大学毕业生的职位，因此大学毕业生的就业人数更多。此外，机器的升级换代通常是由机器替代人力，而很多机器都是由受教育程度更高的大学毕业生来操作的，常识告诉我们，机器越高级，其操作者的受教育水平就越高。那么技术进步的过程中，越来越多高级机器要求大学毕业生来操作，对大学毕业生的需求增加，大学毕业生的就业人数上升。

生产过程中利用的机器种类越多，研发和生产这些机器的企业越多。研发企业大多雇用大学毕业生进行研发，更多的企业扩大对大学毕业生的需求，大学毕业生的就业人数增加。生产这些机器的企业也将雇用大学毕业生，大学毕业生的就业人数也将上升。机器种类扩大的过程中，我们通常会发现，这些机器变得越来越复杂，而复杂的机器需要更多地雇用大学毕业生来操作，因此在中间产品种类增加的过程中，需要大学毕业生操作的机器不断增加，大学毕业生的需求上升，就业人数增加。

二、发展中国家的技术进步与大学毕业生就业

发展中国家的技术进步逐渐放缓，新增的大学毕业生就业人数将逐渐递减。有关技术扩散的文献表明，一种技术的扩散速度将服从先快后慢的 Logistic 方程（Marchetti，1988，1996；Ayres 和 Robert，1990a，1990b；Grübler 和 Arnulf，1990）。因此，多种技术的同时扩散也将服从 Logistic 方程。发展中国家的技术大多是从发达国家引进的，其技术进步必然服从 Logistic 方程。正如本节第一部分所言，中间产品质量升级、种类增加的技术进步都可以扩大大学毕业生的需求，增加大学毕业生就业人数。但是由于技术扩散服从 Logistic 方程，它必然是先快后慢的过程。因此，发展中国家从发达国家引进技术的初期，新增的大学毕业生需求最大，此后，新增的需求逐渐递减，因此大学毕业生就业人数也逐渐递减。

三、发展中国家的经济增长服从先快后慢的规律

我们提出发展中国家的经济增长随着技术引进服从先快后慢的规律。有关技术扩散的文献表明一种技术扩散服从 Logistic 方程（Marchetti，1988，1996；Ayres 和 Robert，1990a，1990b；Grübler 和 Arnulf，1990）。因此多种技术同时扩散也将服从 Logistic 方程，即技术扩散服从先快后慢的规律。技术进步是发展中国家经济迅速增长的关键原动力，没有技术进步，投资和教育投入都将成为无源之水、无本之木。因此在技术引进的初期，发展中国家技术进步较快，经济增长率较高，随着技术进步的放缓，发展中国家的经济增长将逐步回落。但是，发展中国家的技术进步还取决于其高素质人群的数量，如果发展中国家高素质人群的数量足够多，只要充分发挥这些高素质人群的创造才能，发展中国家仍然可以保持高速的增长。

四、大学毕业生的增加可以促进创新，推动经济增长

更多的大学毕业生提升中间产品研发的成功概率，促进技术进步，推动经济增长。同时大学毕业生人数越多，研发的利润越高，越能吸引更多的企业投入研发，技术进步越快，经济增长就越快。

第二节　政策建议

一、宏观政策建议

我们提出，要解决大学毕业生的就业问题必然要推动高科技企业发展，具体来说包括以下五点。

（一）建立公平、公正、透明的市场环境

在公平的市场环境下，科研人才必能通过创新从市场中获得巨额的回报。科研人员通过创新短时间内获得富可敌国的财富的例子比比皆是，微软、谷歌、Facebook 的创造者皆是如此。但是公平的市场环境不是天然形成的，需要政府恪尽职守扮演好“守夜人”的角色。这就要求政府不能干预银行、高新技术企业的具体运营，而应当把人力、物力、财力投入到司法审判、信息披露、国际贸易环境的抗争等构建公平的市场环境的行为上来。具体来说，司法系统在处理合同纠纷时应当让每个判决都体现法治的公平精神。政府部门应当定期在网络上披露抽检的信息。外交上应当在国际贸易中为中国企业争取公平的市场环境。政府还应当加大反垄断的审查力度。只要有公平的市场环境，创新的巨大回报必将激励更多的人投入到创新活动中来，高新技术企业的发展必将迎来一个新的高峰。高科技企业的蓬勃发展在解决大学毕业生就业的同时，也可以帮助中国经济实现转型升级。

（二）推动科学研究，构建良好的营商环境发展高新技术产业

技术进步可以扩大对大学毕业生的需求，同时可以促进产业升级。科学研究可以为技术进步提供扎实的理论基础、积累原动力，并为大学毕业生提供工作岗位。此外，政府应当为高新技术产业的发展提供良好的营商环境，良好的营商环境必然吸引更多高新技术企业投资，拉动就业。良好的营商环境包括较少的政府审批、更加完善的司法体系、良好的城市规划、顺畅的交通、新鲜的空气。政府应当发挥筑巢引凤的工作，但是切忌政府主导招商引资，政府主导的引资项目大

多是非创新项目，这些项目极容易迅速提升当地的GDP，但是也极容易形成产能过剩，最后大规模地倒闭。更为重要的是，禁止政府对企业经营的直接干预，政府对企业管理的干预更容易造成企业亏损，企业亏损通常会在与其有业务联系的银行形成呆账，最终造成金融市场地震。

（三）鼓励大学、科研院所的研究人员下海参与创业和科研成果转化

政府应当像20世纪90年代初鼓励下海一样提倡科研人员创业，把他们的知识和科研成果转化成现实生产力。他们开创的企业将大部分都是高技术企业，这些企业将会成为中国经济新的增长点，并为大学毕业生提供众多的工作岗位。

中国现有的人才管理体系虽已和计划经济时代有很大区别，但是在大学、科研院所这些机构，人才的管理还深深地刻着计划经济时代的烙印。当今中国缺乏的不是人才，而是缺乏人事管理制度。当前的人事制度限制人才流动，造成巨大的人才浪费。政府应当积极推动大专院校、科研院所的研发人员投身到市场中来，给他们实现科研成果产业化的机会，并提供基本保障。同时应当明确和加大个人在新技术产业化中收益分成的比例，通过法律的手段使科研人员的权益获得保障。我们相信，很多科研人员都很期望把自己的科研成果转化为现实生产力。只要这些企业中出现几个像阿里巴巴、腾讯这样的企业，这些企业为大学毕业生提供的就业机会将是无法估量的，为中国的经济增长做出的贡献必将是令人震惊的。

（四）保护知识产权

高新技术企业发展的核心为独有的专利技术。但是中国国民尊重知识产权的意识不足，对知识产权的保护虽取得巨大的进步，但知识产权保护力度依然亟待提高；否则，必然导致山寨高新技术企业产品的现象层出不穷，损害企业、科研人员的利益，导致企业和科研人员研发新产品的动力不足。我们应当改进司法，加大对知识产品保护案件的人、财、物的投入，培训相关司法人员，在判决公正的前提下，使知识产权保护案例的审理更加迅速、便捷。在有关知识产品保护的司法审批中，在当前体制下，审判机关必然会受到当地政府的影响，可以通过司法建设减少地方对侵犯知识产权案件审理的干预。

（五）建立人才特区

建立人才特区，在特区内进行制度配套。允许全国范围内的人才自由流动，

破除户口、档案等限制人才流动的藩篱。限制政府权力，大力缩减审批数量，让企业家、科研人员、工人等市场主体在国家现有制度框架下深度参与制度建设。企业家、科研人员、工人在建立的制度框架下自由竞争，优胜劣汰。放弃政府主导经济的传统思路，让市场主体自由地进行创业、流动。科研人员、企业家、劳动者的创造力是无穷的，只要政府维护制度的运行，并不断地和企业家、科研人员、劳动者修补制度漏洞，市场主体的无限创造力必将被激发出来，必将显著地推动高技术企业的发展，提供更多的适合大学毕业生的工作岗位，并推动产业结构转型升级。

二、微观政策建议

（一）构建网络平台

政府构建更多的网络平台，帮助大学毕业生就业。求职和用人信息在大学毕业生的应聘过程中扮演着重要角色，信息越透明，大学毕业生越容易成功求职。政府应当建立信息平台帮助企业了解大学毕业生的学业、家庭、学历等诸多个人情况，同时政府还应当积极地向大学毕业生介绍企业的实际情况，充当中间人，并保证信息的可靠性。

网络平台的招聘应当更加具有针对性，应当明确学校的层次、专业、工作地点、岗位工作性质等关键内容，并收取一定的费用作为应聘的门槛，从而剔除很多对此岗位兴趣不高的求职者，这样才有利于企业从众多的求职者中物色到合适的人选，同时也可以提高求职应聘的效率，增加大学毕业生的就业人数。

（二）建立公开、公正、透明的招聘制度

建立公开、公正、透明的招聘制度以克服社会关系造成的不正当竞争。广泛的社会关系无疑对个人就业有利，但是如果有人试图利用社会关系在求职中进行不正当竞争，则会损害其他人的利益。此时企业招聘的工人不是效率最高的工人，就会压低企业的产出，不利于经济增长。如果党政机构招聘中存在不正当竞争，则妨碍社会公正，对和谐社会的建立产生消极影响。两者都会阻碍社会各阶层之间的相互流动，不利于社会稳定。建立公开、公正、透明的企业招聘制度是克服此缺陷的关键，党政机构和国有企业应当在此方面发挥示范带头作用。通过建立公开、公正、透明的招聘程序，可以人尽其才，使各个大学毕业生可以得到

与其才能相匹配的工作岗位，促进经济增长。经济总量的增加将帮助更多的大学毕业生就业。

（三）鼓励多种方式求职

调查数据表明，亲友推荐等方式仍然是大学毕业生求职的一个重要手段，因此应当鼓励大学毕业生通过各种可能、合法的手段求职。多方位、多角度着手求职可以大大增加大学毕业生获得的求职信息，并提高大学毕业生求职成功的可能性。社会关系可以从以下几个方面帮助大学毕业生就业。①帮助大学毕业生获得就业信息（Aguilera 等，2003；张少平，2009），更加丰富的招聘信息可以帮助大学毕业生成功求职。②增进用人单位和求职者的相互了解，提升彼此的信任度（Fernandez，2000）。个人可以通过亲友了解用人单位有关岗位的工作性质、薪金水平、所需知识等各种信息，在求职中做到有的放矢，提高求职效率。企业也可通过中间人获得求职者的详细信息，减少招聘中的失误。③得到亲朋好友的工作推荐（Fernandez，2000）。很多单位都非常重视同事的推荐，由于同事对工作岗位和被推荐人的情况都较为了解，故其推荐的个人将与工作岗位更加匹配，所以企业一般对聘用被推荐人持积极态度。

（四）立法禁止性别歧视

性别歧视可能是造成男女工资差异的一个重要原因。经济学家认为造成男女大学毕业生工资差异的原因主要有四个（Daymont 和 Andrisani，1984；Weinberger，1998；Gerhart，1990；Paglin 和 Rufolo，1990；Brown 和 Corcoran，1997；Joy，2003）：①男女选择的专业不同，男性选择的专业积累的人力资本更多，所以男性比女性工资高；②男女选择不同的专业是由于他们的兴趣和禀赋差异造成的，禀赋的高低直接影响个人工资，也造成工资男高女低的现象；③性别歧视造成女性的工资低；④男性的劳动时间普遍较长，因而其工资也较高。我们认为，造成男女工资差异的因素应当为性别歧视或工作时间的长短。

为消除求职中可能存在的性别歧视，政府应当立法予以禁止。工作时间造成的工资差异政府不能干预，但是政府应当立法禁止企业在招聘中的性别歧视，如此，女大学毕业生的就业率将上升，工资也将增加。政府甚至可以出台鼓励雇用女大学毕业生的政策，如根据招聘女大学毕业生的数量进行税负减免。

（五）召开更多的招聘会

召开更多的专业招聘会。各种形式的招聘会仍然是很多大学毕业生获得工作机会的重要方式，更多目标明确的招聘会可以节省大学毕业生求职成本，同时能够帮助更多的毕业生成功求职。当前政府组织的招聘会囊括各种专业，这种招聘会目的性不高，应当组织各种专业性的招聘会。此种招聘会将提高企业和大学毕业生匹配的效率，同时降低毕业生求职的成本。

三、经济增长放缓的对策

（一）推动研发，发挥人才优势，保持经济高速增长

中国是世界上最大的发展中国家，通过引进技术，中国已经高速发展近 40 年。但是现在，中国可以引进的技术越来越少，同时，引进技术的非市场壁垒越来越多，在此情况下，经济放缓的可能性越来越大。我们应当发挥中国近 20 年高素质人群迅速扩大的优势，推动技术创新，保持经济高速增长。引进技术只能追赶欧美等发达国家，只有实现中国创造，才能超越发达国家。科学发现和技术创新是中国真正崛起的标志，因此推动技术创新应当成为中国的一个重要经济政策。中国近 20 年培养了大批的高素质劳动力，只要能充分调动这些高素质劳动力的积极性，对他们的创新给予知识产权的保护，以法律的方式确定其享有创新成果较高比例的收益，则他们必能在诸多领域取得累累硕果。只有中国能够独立进行创新，中国的经济增长才可能保持高速。良好的制度环境、司法环境将成为科研人员是否愿意创新并将其在中国转化成现实生产力的关键。

（二）企业应当做好经济增长放缓的准备，切忌高速扩大生产规模

在过去的 40 年中，特别是过去的 20 年中，许多企业借助中国改革开放的东风，大规模地扩大了生产，成为中国乃至世界市场上举足轻重的大企业，如三一重工、联想集团。但是随着中国从国外引进技术的难度加大，经济增长必然放缓。此时如果大企业仍然按照原有步伐扩大生产，产能扩大很快，但是经济增长放缓必然导致需求不足。需求不足，企业或者停产或者产品将大规模积压，企业将不能收回投资，造成经营困难。企业的经营风险最终会牵连到与之有业务往来的银行。单个企业的呆账银行或可自己消化，但是当一段时间内诸多企业都无法

归还贷款时，银行必然倒闭，而银行的倒闭很可能形成多米诺骨牌效应，牵连更多的银行，最终造成金融系统的动荡。金融系统的动荡将会极大地影响经济的运行，导致经济滑坡，社会动荡。所以现在就要向广大的企业家宣传，告知他们中国的经济增长逐渐进入慢车道，请他们做好相应的准备，避免大规模地扩大产能。

（三）节流政府的财政支出

财政乃立国之本，政府运行、司法公正、军队后勤无一不以巨额的财政收入为支撑。经济增长放缓，财政收入增速必然下行。如各级政府仍以近些年中国经济增长的经验来安排财政支出，则政府债务必将倍增。终有一日，政府将无力支付其债务，财政破产。财政的破产必然导致军队、司法保障乏力，政府的管治能力下降。为克服财政收入下滑的不利影响，政府应当逐步减少对经济的直接投入，如著名的“铁公基”。政府还应当回归自己的基本职能，主导国防、外交、司法，逐步减少其经济职能，从而减少政府支出。同时为了向社会提供公共产品，政府应当放权社会，让社会组织来处理社会事务，减少政府在公共事务上的财政负担。

附　录

2009 年南京市某高校调查问卷

感谢您接受我们的调查！为了研究的客观性，请您如实地回答全部问题。我们承诺对您的信息保密。

请在选项上直接打√。

1. 您的性别是？

A. 男　　B. 女

2. 您是否是独生子女？

A. 是　　B. 否

3. 您的专业是？

A. 文科类　　B. 理科类　　C. 医科类　　D. 工科类

4. 您是否是学生干部？

A. 是　　B. 否

5. 您是否是党员？

A. 是　　B. 否

6. 您的原户籍是？

A. 农业户口　　B. 城市户口

7. 自我评价您所有课程的平均成绩是？

A. 优秀（90~100 分）　　B. 良好（80~89 分）

C. 一般（70~79 分）　　D. 及格（60~69 分）

8. 您的健康状况是？

A. 优秀（90~100 分）　　B. 良好（80~89 分）

C. 一般（70～79 分） D. 及格（60～69 分）

9. 您的相貌是？

A. 优秀（90～100 分） B. 良好（80～89 分）

C. 一般（70～79 分） D. 及格（60～69 分）

10. 你使用的找工作的方式都有以下哪几种？（多选）

A. 校外招聘会 B. 亲友介绍 C. 自己创业

D. 网络投简历 E. 单位到校园招聘 F. 考公务员

11. 你找工作花费的总成本大约是？

A. 1000 元以下 B. 1000～2000 元 C. 2000～3000 元

D. 3000～4000 元 E. 4000～5000 元 F. 5000～6000 元

G. 6000 元以上

12. 你找工作花费的时间有多长？

A. 1 个月以内 B. 1～2 个月 C. 2～3 个月

D. 3～4 个月 E. 4～5 个月 F. 5～6 个月

G. 6 个月以上

13. 你期望的月薪（含税、保险）是？

A. 1000 元以下 B. 1000～2000 元 C. 2000～3000 元

D. 3000～4000 元 E. 4000～5000 元 F. 5000 元以上

14. 您父母中的最高学历是？

A. 小学 B. 初中 C. 高中

D. 专科 E. 本科 F. 硕士

G. 博士

15. 您父母中职位最高的人的职务是？

A. 普通职员 B. 副科或科级干部 C. 副处或处级干部

D. 副局或局级干部 E. 副部级以上干部

16. 您父母中是否有人在党政机关工作？

A. 是 B. 否

17. 您是否已找到工作（含考研成功）？

A. 是 B. 否

找到工作的人请继续回答如下问题。

18. 您是否在原籍省份就业？

A. 是 B. 否

19. 您是通过哪种途径找到工作的?

A. 校外招聘会　B. 亲友介绍　C. 自己创业

D. 网络投简历　E. 单位到校园招聘　F. 考公务员

20. 您就业单位的性质是?

A. 民营企业　B. 国有或国有控股企业　C. 事业单位

D. 党政机构　E. 外资企业

21. 现就业单位给您的月薪（含税、保险）是?

A. 1000 元以下　B. 1000 ~ 2000 元　C. 2000 ~ 3000 元

D. 3000 ~ 4000 元　E. 4000 ~ 5000 元　F. 5000 元以上

22. 您有几个单位可供选择?

A. 1 个　B. 2 个　C. 3 个　D. 4 个及以上

2011 年南京 6 所高校大学生就业调查问卷

亲爱的大学生朋友：

您好！感谢您接受我们的调查！为了更好地为大学生就业服务，我们正在进行一项有关大学生就业的调查。

为了研究的客观性，请您如实地回答全部问题。

我们承诺对您的信息保密。请您在下列选项上直接打√。

1. 您的性别是?

A. 男　B. 女

2. 您是否是独生子女?

A. 是　B. 否

3. 您的专业是?

A. 文科类　B. 理科类　C. 医科类　D. 工科类　E. 农林类

4. 您是否担任过学生干部?

A. 是　B. 否

5. 您是否是党员?

A. 是　B. 否

6. 您的原户籍是?

A. 农业户口　B. 城市户口

7. 您来自的城市是?

A. 直辖市　B. 省会　C. 地级市　D. 县级以下城市及乡村

8. 您的原户籍所在地位于?

A. 东部（北京、天津、河北、辽宁、上海、江苏、浙江、福建、山东、广东、广西、海南）

B. 中部（山西、内蒙古、吉林、黑龙江、安徽、江西、河南、湖北、湖南）

C. 西部（重庆、四川、贵州、云南、西藏、陕西、甘肃、宁夏、青海、新疆）

9. 您所有课程的平均成绩是?

A. 优秀（90~100 分）　B. 良好（80~89 分）

C. 一般（70~79 分）　D. 及格（60~69 分）

10. 您的健康状况是?

A. 优秀（90~100 分）　B. 良好（80~89 分）

C. 一般（70~79 分）　D. 及格（60~69 分）

11. 您的相貌是?

A. 优秀（90~100 分）　B. 良好（80~89 分）

C. 一般（70~79 分）　D. 及格（60~69 分）

12. 您对自己的理解与交流能力打分为?

A. 优秀（90~100 分）　B. 良好（80~89 分）

C. 一般（70~79 分）　D. 及格（60~69 分）

13. 您对自己的科学思维能力打分为?

A. 优秀（90~100 分）　B. 良好（80~89 分）

C. 一般（70~79 分）　D. 及格（60~69 分）

14. 您对自己的管理能力打分为?

A. 优秀（90~100 分）　B. 良好（80~89 分）

C. 一般（70~79 分）　D. 及格（60~69 分）

15. 您对自己的应用分析能力打分为?

A. 优秀（90~100 分）　B. 良好（80~89 分）

C. 一般（70~79 分）　D. 及格（60~69 分）

16. 您对自己的动手能力打分为?

A. 优秀（90~100 分）　B. 良好（80~89 分）

C. 一般（70 ~ 79 分） D. 及格（60 ~ 69 分）

17. 您父母中的最高学历是？

A. 小学 B. 初中 C. 高中 D. 专科

E. 本科 F. 硕士 G. 博士

18. 您父母中是否有人在党政机关工作？

A. 是 B. 否

19. 您父母中职位最高的人的职务是？

A. 普通职员 B. 副科或科级干部

C. 副处或处级干部 D. 副局或局级干部

E. 副部级以上干部

F. 小型企业（300 人以下）的中层干部

G. 小型企业（300 人以下）的高管

H. 大、中型企业（300 人以上）的中层干部

I. 大、中型企业（300 人以上）的高管

20. 您通过的英语考试为？（多选）

A. 大英四级 B. 大英六级 C. 托福 D. 雅思

E. GRE

21. 您是否通过计算机二级？

A. 是 B. 否

22. 您使用的找工作的方式都有以下哪几种？（多选）

4. 校外招聘会 B. 单位到校园招聘 C. 创业

D. 网络投简历 E. 亲友介绍 F. 考公务员

23. 您找工作花费的总成本是？

A. 1000 元以下 B. 1000 ~ 2000 元

C. 2000 ~ 3000 元 D. 3000 ~ 4000 元

E. 4000 ~ 5000 元 F. 5000 ~ 6000 元

G. 6000 元以上

24. 您何时开始求职？

A. 2010 年 9 月、10 月 B. 2010 年 11 月、12 月

C. 2011 年 1 月、2 月 D. 2011 年 3 月、4 月

E. 2011 年 5 月、6 月 F. 不找工作（考研，出国）

25. 您是否曾经在单位实习？

A. 是　　　　　　B. 否

26. 您实习的单位是否与您的专业相关？

A. 是　　　　　　B. 否

27. 您是否参加过职业生涯规划培训？

A. 是　　　　　　B. 否

28. 您参加的职业生涯规划培训的时间为？

A. 0 小时　　　　B. 1 ~ 5 小时　　　　C. 6 ~ 10 小时

D. 11 ~ 15 小时　　E. 16 ~ 20 小时　　F. 20 小时以上

29. 您的学校有无开设专门的就业指导培训课？

A. 有　　　　　　B. 没有

30. 您觉得参加就业指导培训对求职有无帮助？

A. 有帮助很大　　B. 有但作用较小　　C. 没有帮助　　D. 无所谓

31. 您期望的月薪（含税、保险）是？

A. 1000 元以下　　B. 1000 ~ 2000 元　　C. 2000 ~ 3000 元

D. 3000 ~ 4000 元　E. 4000 ~ 5000 元　　F. 5000 元以上

32. 您是否考研（或出国）成功？

A. 是　　　　　　B. 否　　　　　　C. 未参加考研（或出国）

33. 您是否已找到工作？

A. 是（含考研或出国成功）　　　　B. 否

找到工作的人（除考研或出国成功）请继续回答如下问题。

34. 您何时求职成功？

A. 2010 年 9 月、10 月　　　　B. 2010 年 11 月、12 月

C. 2011 年 1 月、2 月　　　　D. 2011 年 3 月、4 月

E. 2011 年 5 月、6 月

35. 您找工作花费的时间为？

A. 1 个月以内　　B. 1 ~ 2 个月　　C. 2 ~ 3 个月　　D. 3 ~ 4 个月

E. 4 ~ 5 个月　　F. 5 ~ 6 个月　　G. 6 个月以上

36. 您是否在原籍省份就业？

A. 是　　　　　　B. 否

37. 您就业的单位位于？

A. 东部（北京、天津、河北、辽宁、上海、江苏、浙江、福建、山东、广东、广西、海南）

B. 中部（山西、内蒙古、吉林、黑龙江、安徽、江西、河南、湖北、湖南）
C. 西部（重庆、四川、贵州、云南、西藏、陕西、甘肃、宁夏、青海、新疆）

38. 您就业的城市为？
A. 直辖市　B. 省会　C. 地级市
D. 县级以下城市及乡村

39. 您就业单位的性质是？
A. 民营企业　B. 国有或国有控股企业
C. 事业单位　D. 党政机构　E. 外资企业

40. 您是否具有就业岗位所需的执业资格证书？
A. 是　B. 否　C. 不需要

41. 您现在的工作与您所学的专业相关程度？
A. 很相关，工作属于所学专业的范围　B. 相关，和所学专业是一个大类
C. 不相关，和专业完全没关系

42. 现就业单位给您的月薪（含税、保险）是？
A. 1000 元以下　B. 1000～2000 元　C. 2000～3000 元
D. 3000～4000 元　E. 4000～5000 元　F. 5000 元以上

43. 您是通过哪种途径找到工作的？
A. 校外招聘会　B. 亲友介绍　C. 自己创业
D. 网络投简历　E. 单位到校园招聘　F. 考公务员

44. 您有几个单位可供选择？
A. 1 个　B. 2 个　C. 3 个
D. 4 个　E. 5 个及以上

我们的调查结束了，非常感谢您的配合！谢谢！（以下为调查人员填写）

调查员保证：我保证本卷上所填各项资料均由我按照作业程式规定完成，绝对真实！若有一处作假，全部作废！

调查员：________

日期：

参考文献

[1] Acemoglu D. Diversity and Technological Progress. NBER Working Paper 16984: 2011.

[2] Acemoglu D. Technical Change, Inequality and the Labor Market. Journal of Economic Literature, 2002 (40): 7 –72.

[3] Acemoglu D., Zilibotti F. Productivity Differences. The Quarterly Journal of Economics, 2001, 116 (2): 563 –606.

[4] Aghion P., Howitt P. A Model of Growth through Creative Destruction. Econometrica, 1992 (60): 323 –351.

[5] Aguilera M. B., Massey D. S. Social Capital and the Wages of Mexican Migrants: New Hypotheses and Tests. Social Forces, 2003, 82 (2): 671 –701.

[6] Appleton S., Song L., Xia Q. Has China Crossed the River? The Evolution of Wage Structure in Urban China during Reform and Retrenchment. Journal of Comparative Economics, 2005, 33: 644 –663.

[7] Ashenfelter O., Ham J. Education, Unemployment and Earnings. The Journal of Political Economy, 1979, 87 (5): S99 –S116.

[8] Ayres Robert. Technological Transformations and Long Waves Part Ⅰ. Technological Forecasting and Social Change, 1990a, 37 (1): 1 –37.

[9] Ayres Robert. Technological transformations and long waves. Part Ⅱ. Technological Forecasting and Social Change, 1990b, 37 (2): 111 –137.

[10] Barro R. J., X., Sala – i – Martin. Economic Growth, McGraw – Hill, Inc., New York, 1995.

[11] Bian Yanjie. Bringing strong ties back in: Indirect ties, network bridges and job searches in China. American Sociological Review, 1997, 62 (3): 366 –385.

[12] Boldrin M., Levine D. K. The Case against Patents. The Journal of Economic Perspectives, 2013, 27 (1): 3 –22.

[13] Boom A. Firms' investments in general training and the skilled labour market. Labour Economics, 2005 (12): 781 -805.

[14] Bourdieu P. The forms of capital//J. G. Richardson: Handbook of theory and research for the sociology of education, New York: Greenwood, 1985: 241 - 258.

[15] Brown C., Corcoran M. Sex - Based Difference in School Content and the Male - Female Wage Gap. Journal of Labor Economics, 1997, 15 (3): 431 -465.

[16] Calves Anne - Emmanuele. Deteriorating Economic Context and Changing Patterns of Youth Employment in Urban Burkina Faso: 1980 - 2000. World Development, 2004, 32 (8): 1341 -1354.

[17] Card D., Lemieux T. Can Falling Supply Explain the Rising Return to College for Younger Men? A Cohort - Based Analysis. The Quarterly Journal of Economics, 2001, 116 (2): 705 -746.

[18] Chetty R., Hendren N., Kline P., Saez E., Turner N. Is the United States still a land of opportunity? Recent trends in intergenerational mobility. The American Economic Review, 2014, 104 (5): 141 -147.

[19] Coleman J. S. Social capital in the creation of human capital. American Journal of Sociology, 1988 (94) (Supplement): S95 - S120.

[20] Daymont T. N., Andrisani P. J. Job Preferences, College Major and the Gender Gap in Earnings. Journal of Human Resources, 1984, 19 (3): 408 -428.

[21] Dixit A. K., Stiglitz J. E. Monopolistic Competition and Optimum Product Diversity. American Economic Review, 1977 (67): 297 -308.

[22] Dolado J. J., Felgueroso F., Jimeno J. F. Youth Labour Markets in Spain: Education, Training and Crowding - Out. European Economic Review, 2000 (44) (4 -6): 943 -956.

[23] Dresch S. P. Demography, Technology and Higher Education: Toward a Formal Model of Educational Adaptation. The Journal of Political Economy, 1975, 83 (3): 535 -570.

[24] Ethier W. J. National and International Returns to Scale in the Modern Theory of International Trade. American Economic Review, 1982 (72): 389 -405.

[25] Evangelista R., Savona M. Innovation, employment and skills in services. Firm and sectoral evidence. Structural Change and Economic Dynamics, 2003 (14):

449 – 474.

[26] Fan C. S., Stark O. International migration and "educated unemployment". Journal of Development Economics, 2007 (83): 76 – 87.

[27] Fernandez R. M., Castilla E. J., Moore P. Social Capital at Work: Networks and Employment at a Phone Center. The American Journal of Sociology, 2000, 105 (5): 1288 – 1356.

[28] Flug K., Hercowitz Z. Equipment Investment and the Relative Demand for Skilled Labor: International Evidence. Review of Economic Dynamics, 2000, 3 (3): 461 – 485.

[29] Gerhart B. Gender Differences in Current and Starting Salaries: The Role of Performance, College Major, and Job Title. Industrial and Labor Relations Review, 1990, 43 (4): 418 – 433.

[30] Glaeser E. L., Laibson D., Sacerdote B. An Economic Approach to Social Capital. The Economic Journal, 2002, 112 (483): F437 – F458.

[31] Granovetter M. S. The strength of weak ties. American Journal of Sociology, 1973, 78 (6): 1360 – 1380.

[32] Gregg P., Manning A. Skill – biassed Change, Unemployment and Wage Inequality. European Economic Review, 1997, 41: 1173 – 1200.

[33] Grogger J., Eide E. Changes in College Skills and the Rise in the College Wage Premium. The Journal of Human Resources, 1995, 30 (2): 280 – 310.

[34] Grossman G. M., Helpman E. Innovation and Growth in the Global Economy. Cambridge, MA: MIT Press, 1991.

[35] Grübler A. The Rise and Fall of Infrastructures: Dynamics of Evolution and Technological Change in Transport. Heidelberg and New York: Physica – Verlag, 1990.

[36] Haskel J., Martin C. Technology, Wage and Skill Shortages Evidence from UK Micro Data. Oxford Economic Papers, 2001, 53: 642 – 658.

[37] Hilmer M. J. Human Capital Attainment, University Quality and Entry – Level Wages for College Transfer Students. Southern Economic Journal, 2002, 69 (2): 457 – 469.

[38] Joy L. Salaries of Recent Male and Female College Graduates: Educational and Labor Market Effects. Industrial and Labor Relations Review, 2003, 56 (4):

606 – 621.

[39] Katz L. F. , Murphy K. M. Changes in Relative Wages, 1963 – 1987: Supply and Demand Factors. The Quarterly Journal of Economics, 1992, 107 (1): 35 – 78.

[40] King R. G. , Rebelo S. T. Resuscitating real business cycles//J. B. Taylor, M. Woodford (Eds.) . Handbook of Macroeconomics. Elsevier, Amsterdam, Netherland, 1999.

[41] Kodama M. Aid Unpredictability and Economic Growth. World Development, 2012, 40 (2): 266 – 272.

[42] Lee C. , Solon G. Trends in intergenerational income mobility. The Review of Economics and Statistics, 2009, 91 (4): 766 – 772.

[43] Li H. Economic Transition and Returns to Education in China. Economics of Education Review, 2003, 22: 317 – 328.

[44] Li Tao, Zhang Juyan. What determines employment opportunity for college graduates in China after higher education reform? China Economic Review, 2010, 21 (1): 38 – 50.

[45] Lin N. Social networks and status attainment. Annual Review of Sociology, 1999, 25 (1): 467 – 487.

[46] Ma Ying, Qin Yong. The Current Problem of "Educational Deepening" in China: Empirical Analysis and Policy. The East Asian Economic Review, 2010, 4: 3 – 18.

[47] Marchetti Cesare. Pervasive Long Waves: Is Society Cyclotymic. http: //www. agci. org/dB/PDFs/03S2_CMarchetti_Cyclotymic. pdf, 1996.

[48] Marchetti Cesare. Kondratiev Revisited – After One Cycle. http: //www. cesaremarchetti. org/archive/scan/MARCHETTI – 037. pdf, 1988.

[49] McKenna C. J. Education and the Distribution of Unemployment. European Journal of Political Economy, 1996, 12: 113 – 132.

[50] Mincer J. Schooling, Experience and Earning. Columbia University Press, New York, 1974.

[51] Monks J. The returns to individual and college characteristics Evidence from the National Longitudinal Survey of Youth. Economics of Education Review, 2000, 19: 279 – 289.

[52] Moreno – Galbis E. Unemployment and endogenous growth with new technolo-

gies - skill complementarity. Economic Modelling, 2006 (23): 364 - 386.

[53] Moser P. Patents and Innovation: Evidence from Economic History. Journal of Economic Perspectives, 2013, 27 (1): 23 - 44.

[54] Okun A. M. Prices and Quantities: A Macroeconomic Analysis. Washington, DC, The Brookings Institution, 1981.

[55] Ours J. C. van, G. Ridder. Job Matching and Job Competition: Are Lower Educated Workers at the Back of Job Queues? . European Economics Review, 1995, 39: 1717 - 1731.

[56] Paglin M., Rufolo A. Heterogeneous Human Capital, Occupational Choice and Male - Female Earnings Differences. Journal of Labor Economics, 1990, 8 (1): 123 - 144.

[57] Putnam R. Making Democracy Work: Civic Traditions in Modern Italy. Princeton University Press, Princeton, 1993.

[58] Quinna M. A., Rubb S. Mexico's labor market: The importance of education - occupation matching on wages and productivity in developing countries. Economics of Education Review, 2006, 25: 147 - 156.

[59] Romer P. Endogenous Technological Change. Journal of Political Economy, 1990, 98 (5): S71 - S102.

[60] Romer P. Growth Based on Increasing Returns Due to Specialization. American Economic Review, 1987, 77: 56 - 62.

[61] Schultz T. W. Investment in Human Capital. The American Economic Review, 1961, L1 (1): 1 - 17.

[62] Spence M. Job Market Signaling. The Quarterly Journal of Economics, 1973, 87 (3): 355 - 374.

[63] Spence M. Product Selection, Fixed Costs and Monopolistic Competition. Review of Economic Studies, 1976, 43: 217 - 235.

[64] Taber C. R. The Rising College Premium in the Eighties: Return to College or Return to Unobserved Ability. The Review of Economic Studies, 2001, 68 (3): 665 - 691.

[65] Thisse Jacques - Francois, Zenou Y. Skill mismatch and unemployment. Economics Letters, 2000, 69: 415 - 420.

[66] Thurow L. C. Generating inequality. Basic Books, New York, 1975.

[67] Upadhyay M. P. Accumulation of Human Capital in LDCs in the Presence of Unemployment. Economica, New Series, 1994, 61 (243): 355 –378.

[68] Urwin P., Pietro G. D. I., Sturgis P., Jack G. Measuring the Returns to Networking and the Accumulation of Social Capital: Any Evidence of Bonding, Bridging, or Linking. American Journal of Economics and Sociology, 2008, 67 (5): 941 –968.

[69] Weinberger C. Race and Gender Wage Gaps in the Market for Recent College Graduates. Industrial Relations, 1998, 37 (1): 67 –84.

[70] 曾湘泉. 变革中的就业环境与中国大学生就业. 经济研究, 2004 (6).

[71] 钞小静, 沈坤荣. 城乡收入差距、劳动力质量与中国经济增长. 经济研究, 2014 (6).

[72] 杜桂英, 岳昌军. 高校毕业生就业机会的影响因素研究. 中国高教研究, 2010 (11).

[73] 付明卫, 叶静怡, 孟俣希, 雷震. 国产化率保护对自主创新的影响——来自中国风电制造业的证据. 经济研究, 2015 (2).

[74] 高文书. 健康人力资本投资、身高与工资报酬. 中国人口科学, 2009 (3).

[75] 郭熙保, 张进铭. 论发展中国家的后发障碍与后发优势. 经济评论, 2000 (5).

[76] 胡永远, 马霖, 刘智勇. 个人社会资本对大学毕业生就业市场的影响. 中国人口科学, 2007 (6).

[77] 胡永远, 邱丹. 个性特征对高校毕业生就业的影响分析. 中国人口科学, 2011 (2).

[78] 黄锐. 社会资本理论综述. 首都经济贸易大学学报, 2007 (6).

[79] 蒋虹. 我国知识失业的经济学分析. 生产力研究, 2007 (24).

[80] 孔高文, 刘莎莎, 孔东民. 我们为何离开故乡? 家庭社会资本、性别、能力与毕业生就业选择. 经济学(季刊), 2017 (2).

[81] 赖德胜, 田永坡. 对中国"知识失业"成因的一个解释. 经济研究, 2005 (11).

[82] 李宏彬, 孟岭生, 施新政, 吴斌珍. 父母的政治资本如何影响大学生在劳动力市场中的表现? 经济学(季刊), 2012 (4).

［83］李泽彧，谭诤．人力资本和社会资本双重作用下的研究生就业分析．现代大学教育，2011（2）．

［84］林毅夫，张鹏飞．后发优势、技术引进和落后国家的经济增长．经济学（季刊），2005（10）．

［85］林毓铭．关注就业：高等教育深化过程的核心问题．高等教育研究，2002（3）．

［86］刘瑞翔，安同良．资源环境约束下中国经济增长绩效变化趋势与因素分析．经济研究，2012（11）．

［87］马双，张劼，朱喜．最低工资对中国就业和工资水平的影响．经济研究，2012（5）．

［88］马颖，秦永．高校扩招背景下大学毕业生就业的经济学分析．当代经济科学，2008（2）．

［89］马征，李鹏．菲利普斯曲线在我国不适用的成因分析．商业经济，2008（8）．

［90］麦可思研究院．2010 年中国大学生就业报告．北京：社会科学文献出版社，2010.

［91］麦可思研究院．2011 年中国大学生就业报告．北京：社会科学文献出版社，2011.

［92］麦可思研究院．2012 年中国大学生就业报告．北京：社会科学文献出版社，2012.

［93］麦可思中国大学生就业研究课题组．2009 年中国大学生就业报告．北京：社会科学文献出版社，2009.

［94］孟大虎，苏丽锋，施璐璐．人力资本、社会资本与大学生就业研究综述．经济学动态，2012（1）．

［95］乔志宏等．人力资本和社会资本与中国大学生就业的相关研究．中国青年研究，2011（4）．

［96］秦永．大学毕业生就业现状．经济研究导刊，2010（32）．

［97］秦永，裴育．城乡背景与大学毕业生就业．经济评论，2011（2）．

［98］孙文杰．国际外包、劳动力市场进入歧视与行业技能工资差距——基于 1995—2011 年中国工业行业的面板数据．经济评论，2014（2）．

［99］谭崇台．发展经济学．太原：山西经济出版社，1996.

［100］滕瑜，朱晶．中间产品贸易对我国熟练和非熟练劳动力收入分配的影

响．国际贸易问题，2011（5）．

［101］田永波．高等教育扩展与“知识失业”：国外的研究和经验．高等教育研究，2006（7）．

［102］王文彬．社会资本情景及差异性建构分析．社会科学战线，2008（6）．

［103］王文彬．人力资本与社会资源获得：东北国企的实证分析．人口学刊，2009（2）．

［104］王文明，张新乐，自涛．“技工荒”和“知识失业”并存的经济学分析．河海大学学报（哲学社会科学版），2007（3）．

［105］王新，冯玉双．大学生就业难的症结分析．人口学刊，2010（3）．

［106］文东茅．家庭背景对我国高等教育机会及毕业生就业的影响．北京大学教育评论，2005（3）．

［107］吴要武，赵泉．高校扩招与大学毕业生就业．经济研究，2010（9）．

［108］肖文，唐兆希．可再生能源、中间产品质量与可持续发展．世界经济，2012（2）．

［109］杨文奇．劳动力市场和大学生就业．教育发展研究，2006（8）．

［110］杨竹节．论教育深化与知识失业．江苏高教，2003（2）．

［111］应松宝．论大学生就业市场分割与高等教育的相互作用．中国高教研究，2007（3）．

［112］岳昌君，文东茅，丁小浩．求职与起薪：高校毕业生就业竞争力实证分析．管理世界，2004（11）．

［113］张车伟．当前劳动力市场的结构性矛盾及其经济学分析．经济学动态，2008（3）．

［114］张建军．基于劳动力市场分割理论透视大学生就业市场．思想理论教育，2007（5）．

［115］张建武，崔惠斌．大学生就业保留工资影响因素的实证分析．中国人口科学，2007（6）．

［116］张娟娟．技术进步对中国大学毕业生就业影响的实证分析．长沙：湖南大学硕士学位论文，2010.

［117］张林，高安刚．社会资本研究进展综述及展望．广西财经学院学报，2011（12）：35－40.

［118］张少平，张芬芳，赖志淮．社会资本对大学生就业影响的调查研究．

四川教育学院学报，2009（6）.

［119］张文宏．社会资本：理论争辩与经验研究．社会学研究，2003（4）.

［120］张文宏．中国的社会资本研究：概念、操作化测量和经验研究．江苏社会科学，2007（3）.

［121］赵伟，萧月华，王宇雯．探求我国菲利普斯曲线失灵之谜．现代经济探讨，2007（9）.

［122］赵延东，罗家德．如何测量社会资本：一个经验研究综述．国外社会科学，2005（2）.

［123］钟春平，徐长生．产品种类扩大、质量提升及创造性破坏．经济学（季刊），2011（1）.

［124］周玉．社会网络资本与干部职业地位获得．社会，2006（1）.